中國社會史研究

熊得山著

民國滬上初版書·復制版

中國社會史研究

熊得山 著

上海三联书店

图书在版编目(CIP)数据

中国社会史研究 / 熊得山著. —上海:上海三联书店,2014.3
(民国沪上初版书·复制版)
ISBN 978-7-5426-4656-9
Ⅰ.①中… Ⅱ.①熊… Ⅲ.①社会史—研究—中国 Ⅳ.①K207
中国版本图书馆 CIP 数据核字(2014)第 038249 号

中国社会史研究

著　　者 / 熊得山
责任编辑 / 陈启甸 王倩怡
封面设计 / 清风
策　　划 / 赵炬
执　　行 / 取映文化
加工整理 / 嘎拉 江岩 牵牛 莉娜
监　　制 / 吴昊
责任校对 / 笑然

出版发行 / 上海三联书店
(201199)中国上海市闵行区都市路 4855 号 2 座 10 楼
网　　址 / http://www.sjpc1932.com
邮购电话 / 021-24175971
印刷装订 / 常熟市人民印刷厂

版　　次 / 2014 年 3 月第 1 版
印　　次 / 2014 年 3 月第 1 次印刷
开　　本 / 650×900　1/16
字　　数 / 190 千字
印　　张 / 16
书　　号 / ISBN 978-7-5426-4656-9/K·265
定　　价 / 85.00 元

民国沪上初版书·复制版

出版人的话

如今的沪上，也只有上海三联书店还会使人联想起民国时期的沪上出版。因为那时活跃在沪上的新知书店、生活书店和读书出版社，以至后来结合成为的三联书店，始终是中国进步出版的代表。我们有责任将那时沪上的出版做些梳理，使曾经推动和影响了那个时代中国文化的书籍拂尘再现。出版"民国沪上初版书·复制版"，便是其中的实践。

民国的"初版书"或称"初版本"，体现了民国时期中国新文化的兴起与前行的创作倾向，表现了出版者选题的与时俱进。

民国的某一时段出现了春秋战国以后的又一次百家争鸣的盛况，这使得社会的各种思想、思潮、主义、主张、学科、学术等等得以充分地著书立说并传播。那时的许多初版书是中国现代学科和学术的开山之作，乃至今天仍是中国学科和学术发展的基本命题。重温那一时期的初版书，对应现时相关的研究与探讨，真是会有许多联想和启示。再现初版书的意义在于温故而知新。

初版之后的重版、再版、修订版等等，尽管会使作品的内容及形式趋于完善，但却不是原创的初始形态，再受到社会变动施加的某些影响，多少会有别于最初的表达。这也是选定初版书的原因。

民国版的图书大多为纸皮书，精装（洋装）书不多，而且初版的印量不大，一般在两三千册之间，加之那时印制技术和纸张条件的局限，几十年过来，得以留存下来的有不少成为了善本甚或孤本，能保存完好无损的就更稀缺了。因而在编制这套书时，只能依据辗转找到的初版书复制，尽可能保持初版时的面貌。对于原书的破损和字迹不清之处，尽可能加以技术修复，使之达到不影响阅读的效果。还需说明的是，复制出版的效果，必然会受所用底本的情形所限，不易达到现今书籍制作的某些水准。

民国时期初版的各种图书大约十余万种，并且以沪上最为集中。文化的创作与出版是一个不断筛选、淘汰、积累的过程，我们将尽力使那时初版的精品佳作得以重现。

我们将严格依照《著作权法》的规则，妥善处理出版的相关事务。

感谢上海图书馆和版本收藏者提供了珍贵的版本文献，使“民国沪上初版书·复制版”得以与公众见面。

相信民国初版书的复制出版，不仅可以满足社会阅读与研究的需要，还可以使民国初版书的内容与形态得以更持久地留存。

2014 年 1 月 1 日

中國社會史研究

熊得山著

中華民國十八年三月初版

1929

弁言

許多外人來這個『老大中華』觀光的時候，有的說中國社會是『謎』一般的社會，卽社會與政治是各不相關的，以中世紀的社會，而有近代的政治，不能不說是一個『謎』。有的說中國社會，是極美滿的社會，有老莊和孔孟的遺敎，可以應用無窮，有良田沃野的地段，可說是天惠獨厚，尤其有忍辱負重的勞動者，更可以大事開發，其他也還有許多論述、都不及備列。

究竟外人的觀察若何？如果前一說是對的，那我們只要換上一個實際適於社會的招牌，不就可以取消這個『謎』的稱呼麼？但這是不可能的，何以？事實的推演，就是正確的結論，若是可能的話，清代帝室那裏會覆滅？那末，後一說怎樣？若是後一說是對的，那中國最近社會的劇變，不是『空穴來風』？

我以爲這兩說雖是矇蔽了一方面，却也透露了一方面，他們所矇蔽的猶之他們在非洲和南洋羣島遊歷一樣，極力頌揚該處的風醕俗美，生活單純，饒有古風，其實他們卽於所謂『單純』的，『古風』的下面，就刮刮地燒起他們產業革命的烈燄來，所謂『單純』，所謂『古風』的，實際上也難於爲繼了。他們所透露的，正是在產業革命的烽火之下，而猶有所謂中世紀的社會和老莊孔孟遺教的支配，這恰是半殖民地的象徵，這一點不僅不能恬然引以自豪，還應當羞愧，還應當奮起，『而一洒之』。

但因爲這個原故，我委實關於中國的社會，從橫的方面和直的方面都檢討了一番，並以因果性的觀察來搜尋史的資料，畢竟這一個偉大的業，當非淺陋的我所能勝任的，斯編不過是其端倪罷了，他日當以研究所得，繼續刊行。

中國社會史研究目次

中國社會史研究

熊得山著

第一章　緒論

第一節　中國社會的自鳴鐘觀

自鳴鐘這一件東西也不知幾時跑到我們這數千年的農業古國來的，它也就眞倒霉，在它祖國的時候，齒輪是極其活潑，指針是極其準確，振子是極規則的迴旋，發條是極秩序的伸縮，能處處表現它的「時効性」，怎的來到我們東方文化的國度裏，齒輪也不銜接了，指針也是固定了，振子不迴旋而僵了，發條不伸縮而銹了，眞是「橘逾淮而爲枳」麽？我眞是莫明其妙！

說來眞奇怪，儘管這個沒却時効性的自鳴鐘，什麽公館或商店差不多都有一架，你若此刻問他「幾點鐘？」，他還瞠目不知所對，或許還不知一點，二點……從那裏數起？勿怪許多外國人說起中國社會簡直謎一樣似的。你說他腐敗麼？他家裏還擱着一架西洋自鳴鐘，你說他開化麼？鐘簡直沒有「自鳴」過是不用提，就連記時刻的幾個羅馬字都不知道從那裏數起？雖說是一件小事情，我們要研究他爲什麼有這種現象，怕都不很容易，也可知道其他一般了。

不過稍一留心，這種現象是不難了解的，你只要跑到公館或商店裏仔細一看，就知道他們一定要有一架不自鳴的鐘的意義。中國公館或商店內面都有一定的程式，就是宅的中間或兩廂必陳設一個所謂「春台」，春台的兩旁都是瓷器帽筒一對，琉璃桌燈一對，在這個當間必有一架自鳴鐘，自鳴鐘的後面不是祖先的牌位，就是一座財神像或觀世音菩薩，靠春台的那幅板壁自然是所謂名大家的字畫了，這種的場面算是極時髦，極濶綽了，張公館有這樣的陳設，當然李公館，王公館……也不能不有這樣的陳設，甲商店有這樣的陳設，當然乙商店，丙商店……也不能不有這樣的陳設，就是你既有春台，我必需置一個春台，並且你有一架鐘之後，我必得也有一架，至於鐘之鳴不鳴倒管不着許多。

但是這種說法，雖是說明了中國人的模擬性，但這模擬性却也非中國人特有的，你看日本人模擬了歐化，差不多快成日本固有的文化，尤其是他模擬歐化的時候，好像還在中國人之後，他居然帶上了亞洲霸主的王冠，却是中國人的模擬，遇事把歐洲文化只拿來裝飾門面，骨子裏仍然是數千年前的「木乃伊」作用，僵屍的，腐化的。這倒底是什麼原因？

實在說起來也並不稀奇，我們就拿自鳴鐘來說，中國人的時間觀念多是取決於自然的，對於每天的時間，總常是說：「太陽都有幾樹高了」，或是說：「太陽爬上屋簷了」，又說「鷄都叫了幾遍」，表示天快亮了，「鷄叫中午」，表示要吃晚飯了，「鷄要上宿」，表示日近落土了，關於時間距離稍遠的，就不能以鷄啼幾遍或幾樹高的太陽來表示，反復按時開花的植物又成爲他們季節的好記錄，如說杏花，必是二月，桃花必是三月，榴花必是五月等等，中國這種民族現在雖不能說在完全受自然的支配，至少也要做到「與天地合其德，與日月合其明，與鬼神合其吉凶」的那種所謂中庸之道，你看現在黨國當局不是還有主張要恢復舊道德的麼？

因此，中國人之擺着許多自鳴而不一鳴的鐘，與其說是中國民族性的麻木，不如說是農業社會的中國，根本沒有機製的，時間細分的鐘表的必要，因爲農業以土地爲基礎，是行的有機的生產，所以他的技術或工作都要受天然的限制，割麥的時期就是割麥，刈稻的時期就是刈稻，决不能說今日某幾點鐘是割麥的，某幾點鐘是刈稻的，他的工作或技術既都因自然的季候而施，那他的時間觀念當然是取决於自然，這是毫不稀奇的。

中國既停滯在農業社會，所以中國各口岸除開「洋大人」以條約或軍艦佔住的地面之外，許多商店都是應農村的需要而設的。中國雖然已改換了陽歷十七年，實際陽歷只是施行於各軍政機關，各商店和農村依然是「踏青」，「端午」，

「月半」，「中秋」，「年關」鬧個不清，那怕就是軍政學各機關的人，雖然該機關上好像專門只是爲「雙十」「馬廠誓師」，「非常總統就職日期」，「國府成立紀念」，「廣州蒙難紀念」等等而點綴的，可是服職於軍政學各機關的人員，雖說不忠實些，根本他們的頭腦是植有「踏青」，「端午」，「月半」，「中秋」，「年關」等很深的根性的，無怪他們逢着那幾個節關都是一禮一答的雪片飛來的卡片，中國人的事件往往如是。

中國商店既是應農村的需要而設立的，所以他們的時間觀念，必然是季節的，自然的，試看「五」「八」「臘」的三個大比期，不是在商場很通行的麼？何以必需「五」「八」「臘」三個大比期？元來陰歷五月就是所謂「麥秋」，正是春季農作物登場的時候，陰歷八月就是稻蘇登場的時候，陰歷年關那算是一年的終結，農村與商店的來往，就是靠這個季候的農作物作抵押，而投機的商人也剛剛看到這個抵押或貸款，或以農村必需的商品貸與農民，以便取償於登場的農作物，所以商店的結賬，必然是「五八臘」三個大比期。又他們的時間觀念既是依據於自然，他們之不重視他那春台上的一座自鳴鐘，也算是很自然的一件事。

也許年少氣盛的剛由歐美留學回來的先生們，看到中國許多自鳴鐘而不一鳴的現象，定然頓足大罵道：「野蠻的中國人！真不配享受西方的物質文明！他們簡直將鐘表亂用！你看歐美工廠裏按時把汽笛一鳴，許多遠近的工人都能准備着按時上工，深怕到了一定的時間被關在鐵門外面，致躭誤了一天光陰（也可說是躭誤了一天生命），設若此刻鐘表不是「自鳴」的，那將誤多少事！又他們計算工資有的雖說是按件計算，大多數却是按鐘點計算，設若鐘不「自鳴」，將怎樣計算？又歐美的一般工作時間，老早就是有計畫的分配了的，所以不僅某次工作有某種準確時間，就是吃飯，就寢，會客都是有一定時間的，看沒有自鳴的鐘是怎樣行？怎的一到中國來鐘也不鳴了，真是野蠻的中國人！不配享受西方的物質文明！」

不錯！這些洋學生說得眞對！尤其他們的見識要超過他們昔日的儕輩在日本合併高麗的時候，主張日本明治天皇來兼攝中國的許多倍數，但是仔細看一看中國現有的舶來文化，那一宗不可作自鳴鐘看？我想摩托車在歐美固然是因物質文化的進步，遠勝於從來的交通工具，然歐美人乘摩托車的時候，不是專爲的身體舒適，却是爲的時間經濟，可是摩托車一到中國來，專門只成了場面，濶綽，時髦等的用品，其目的決不在時間經濟，我知道軍人乘摩托車的時候，其目的很少是爲參預機密，報告軍情，官紳乘摩托車的時候，其目的很少是爲關心民瘼，盡心黨國的，怕是有的是爲跳舞場，有的是爲入電影場，有的是爲鬥幾和麻雀，有的是爲抽幾兩雲膏或公膏，差不多整天整夜的光陰都是在那些場所消磨了的，那裏說得上時間經濟不經濟？

第二節　中國的火車與飛機

我記得前幾年乘京漢火車的時候，我簡直肚餓得無法，向車上的茶房說道

：「給我炒碗飯！拿點鹹菜！」，「哼！炒碗飯！拿點鹹菜！什麼話！我們這裏只有大餐」，茶房斜起眼兒向我這樣地說，我當時氣憤塡膺，無名火直高三千丈！中國人坐中國的火車，走中國的領地，簡直沒有中國餐吃，還要吃什麼大餐？未必中國餐都是小餐？的確，中國人自從八國聯軍大屠殺之後，也不叫什麼大毛子，二毛子，一律都是洋大人了，所有從前叫番菜番餐的，一律都叫作大菜大餐了，這也怕就是所謂「外崇國信」之一罷，因不如此，不足表示我們謙遜(奴性能)的美德。

不過我仔細一想，還是茶房向我說的話很對，中國人自身，簡直就不配坐火車，也可說還無火車的需要，記得淸同治四年(一八六五年)外國人在中國設了一個什麼吳淞道路會社，他們是打算修鐵路的，到淸光緒二年(一八七六年)，該會社竟於上海吳淞間鋪設了一條狹軌鐵路，以便輸運貨物，不料光是看慣了「木牛流馬」的中國人，竟看不慣這個口吐黑煙，疾駛如風的怪物，一個個都摩拳擦掌的拚命地反對，說是驚擾了中國的「地脈龍神」，幸虧講「忍耐」，講「鎭定」，「外崇國信」的淸政府，一面高壓毀壞鐵路的暴徒，一面復以大宗賠欵送給洋大人，並高拱手，低作揖，請洋大人暫不開車。淸政府畢竟仔細！不僅賠出款來請洋大人暫不行駛鐵路，並照單賠出上海吳淞間的路軌鋪設費，機關車貨車製造費，他是爲的一了百結起見，好容易將路軌，機關車，貨車等項一齊運到台灣海拋下之後，才放了心，雖是淸政府善於應付，也可見得我們貴國人之反對鐵路的熱度算已達到沸騰點了，這不是不需要火車的明證？

固然，今年已是一九二八了，離一八七六年的中國，又生長了五十餘年。不能說這五十餘年中的歷程毫沒有進步，更不能說是沒有火車的需要，你看今日僕僕滬寧路上的，平漢路上的，隴海路上的黨國要人該是若干！設若沒有火車，你看那些黨國要人是怎樣得了！雖說車屁股沒有貨車些。

豈僅需要火車？並且中國人現在還需要飛機，前天某報上不是有人請以華僑匯回來的欵撥一部來辦航空麼？可是需要是需要，這個需要似乎不是民衆的呼聲，而只是官署的呼聲，以民國的「主權在民」的原則來說，主人翁毫不需要的東西，僕役儘管需要，是不會成功的，這怕就是中國施行歐化的癥結所在罷！

自然，我的態度，並非是一般村學究動不動要恢復堯舜禹湯文武周公孔子之道的態度，乃是根據客觀上的事實，是說中國自身未曾有過產業革命這回事，既沒有產業革命，就不會連帶引起交通運輸界的革命，可是中國偏偏有了火車，偏偏有了輪船，偏偏有了摩托，偏偏有了飛機，這個原故，在就中國境內關門的說話，無論如何是說不通的，是要打開中國的大窗戶才曉得的，換一句說，這個原故在帝國主義侵掠中國史上描寫得極清楚的。中國自身固然不需要，却是侵掠到中國的帝國主義者特別地需要，無怪輪船火車的茶房一開口就說「我們這裏只有大餐」的，元來就是這麼一回事！也無怪許多歐化的東西一跑到中國來也就只有裝璜，場面，濶綽，時髦的作用呢！因爲不是它自身的根幹上發吐的嫩藥，開放的鮮花呵！

第三節　中國之有兵工廠和學校的原因

中國先因鴉片戰爭的懲創，繼因甲午戰爭的懲創，後因庚子聯軍的懲創，這個龐大帝國的紙糊窗已被洋鬼子戳得干干淨淨，已完全暴露了黔驢對猛虎的技能，可是當時的封疆大臣們，只以爲是同洞苗溪苗一般的向漢人「放蠱」，「咀咒」等非王道的邪術，狗嘴裏不會生象牙，蠻夷那裏會有我們的周公孔子之道呢？洋鬼子頂厲害的就是洋槍洋砲，還有別的麽？那我們有了洋槍洋砲之後，再以王道和覇道雙管齊立起來，何愁不能制服洋鬼子？一時中學爲體，西學爲用的呼聲喊得整天價響自不用說，槍砲廠也成立了好幾處。封疆大臣們之有出息的，差不多都以克林威爾，畢士馬克自命，端的要富國强兵。以爲新武器，新軍隊一成立了，不僅空空出一口惡氣，好像還要各洲的酋長都要聽命於輦轂之下似的，抱負眞是不小呵！

果然，中法戰爭之後，海軍也成立了二十營，鐵艦快艦也是二十餘艘，魚雷也有六營，魚雷艇也是許多艘，旅順和威海衞爲海軍根據地，並於福建設造船廠及水師學堂，中國自此已有了海軍。李鴻章平洪楊之後，洋槍洋砲也開始製造，他做北洋總督時，並以西法督練新兵，中國自此已有了新式陸軍。糟糕！臥薪嘗胆練來的海陸軍，竟於甲午年被所謂「日本小鬼」一擊，有的則淹埋於黃海，有的則竟暴屍於旅順大連，眞叫立起心腸煅練海陸軍的封疆大臣們簡直手足無措！

可是封疆大臣們並不因此灰心，且越發促進他們想出許多新主義，他們這回覺得洋鬼子們不僅有洋槍洋砲的技術，並還有相當的學術，雖說那些學術離我們的「十三經」還有十萬八千里些，却是他們的聲光化電也是了不起的非凡，我們這回不光只學他們的洋槍洋砲，我們還得要開辦學校學習他們的理論，自然，經學是我們的國粹，讀經講經是要列入主要科目的。於是各省設優級師範，設各種專門學校，都是四年畢業，設高等學校，三年畢業，各府廳州設中學或初級師範，五年畢業，各縣設高等小學，三年畢業，各村設初等小學，四年畢業，同時爲要加速的歐化，道地的歐化起見，並加派許多留洋的學生，要他們習電氣機械，習礦學習農學，習醫學，習法政，以便回國致用，尤恐不能大開風氣，誘掖後進，又以科名加諸學校的出身，如在本國的高小卒業，則分等獎以「廩增附」，中學及初級師範卒業的，則分等獎以「拔優歲」，各專門學校畢業的則獎以「舉人」。至外國大學畢業的洋學生，當然是進殿試場了，聽說當時習牙醫的回國，考取了牙科的「即用知縣」，習電氣機械的考取了「翰林院編修」，習礦學習農林學的已不少的得了些「進士」和「主事」，至習法政的正好是些「豫備立憲」的人材，都有相當的地位。這樣一來，不能說清當局處置得不得法。可是有一宗，本國學校畢業的，只是一批一批地「廩增附」，「拔優歲」，「舉人」，外國大學畢業的，只是一批一批地「牙科知事」，電氣機械的「翰林院編修」，農林學礦學的「進士」和「主事」，似乎有點不大合式，所學的是如此，所用的是如彼，終無補於富國強兵。

記得當時對留洋學生有一個稱呼，說留學生是一個「麵筋條子」，何以？一跑到外國油鍋裏就膨大無比，就是留學生將本國和外國行了各種的對比之後，人人都有將本國如法泡製的氣概，不料歸航一抵黃海，犧牲心與功名心激戰得十分厲害，畢竟功名心佔勝了，也要進殿試場了，於是膨大的麵筋條跑到中國湯鍋裏就要縮小無比了。畢竟清當局和其封疆大臣們還機智，還警覺，他們這一回更知道光是仿製洋槍洋砲，設立新學校並選派留洋學生，依然不濟事，這一回似乎還要興辦實業，實業辦起來之後，至少是能抵抗洋鬼子的，所以今後對於提倡實業，不遺餘力。

前清實業熱的時候，約略是光緒二十九年至宣統三年罷，當時曾派遣振貝子出洋考察實業，二十九年遂設立商部，奏定公司註册章程，三十一年，袁世凱在天津設工藝總局，商部也在北京設勸工陳列所，尤其督促民間舉辦實業的，如卅三年農工商部奏定華商辦理實業的爵賞章程——辦一千萬元以上之實業者賞男爵，二千萬元以上者賞子爵，可算是極促進實業之能事了，然而工場儘管自工場，烟突儘管自煙突，一開步走，機械要買外國的自不用說，並且原料有許多都要從外國輸入，這一點就幾乎失掉競爭力，尤其協定關稅是中國實業的桎梏，外商由馬關條約在中國內地得的製造權，猶之徒步與汽車的競走，也是中國實業致命的打擊，這樣一來，淸當局算是走途無路了，始而只以爲是在洋槍洋砲，洋槍洋砲不行之後，才想到要開辦學校，學校依然不濟，才想到要舉辦實業，實業近又遇着重重暗礁了，怎樣走，總是怎樣出岔子，怎樣辦，總是怎樣都遇着孽障，氣盡力微，落日難返，怕是淸帝國的命運要壽終正寢罷！

第四節　從經濟問題轉入政治問題

此際一般人很清楚的看到已不止是洋槍洋砲的問題了，已不止是開辦新式學校的問題了，已不止是創設實業問題了，似乎都要注重到政治問題，但說到注重政治問題，在該時却有兩大派，卽憲政會與同盟會(國民黨的前身)，憲政會的經濟背景，可說是完全屬於豪紳大地主，由其重要份子之爲有資產五千元才被選爲諮議局的議員就可以證明。他們以爲只要像日本君主立憲，就不難轉貧爲富，轉弱而强，露骨地說，把獨裁君主的大權分一點給他們那些豪紳大地主就行了，他們的中心人物爲江蘇諮議局議長張謇，湖北諮議局議長湯化龍，四川諮議局議長蒲殿俊等等，曾聯絡十六省的代表組織國會請願同志會，大略向清庭請願了好幾次，結果都是無望。眞的，日本資本主義的發展，不是常態的，是變態的，卽不是像英國循序漸進的，是帶有飛躍形勢的，這怕就是列强資本主義快成熟到帝國主義，後起的日本决非是蹣跚的步驟可以趕得上，勢非急起直追不可的原故。猶之百穀成熟的時期一樣，播種和發芽，儘管有先後，然麥秋一至，或稻子登塲的時候，有的則按次序的成熟，有的就非加快的早熟不可，故日本的資本主義，也可叫作早熟的資本主義。

然而由此即認定日本資本主義僅由皇室所謂勵精圖治的這一點開始發展的，就犯極大的錯誤，我們知道日本政友會的前身自由黨是很富於革命性的，他是代表小資產階級，自作農，佃農對封建勢力鬥爭的。雖然日本慶應三年的王政復古，已將德川幕府推倒，然諸侯的政治支配却不曾倒，即最初維新政府的自身，還是七百萬石的大藩。明治四年後，雖然削藩置縣，綏和了身分制度，然而當時農民繳納的貨幣地租，實質上仍等於以前的物品地租，賴有自由黨集小資產階級，自作農，佃農於一條戰線，以與殘餘的封建勢力相頡頏，自身雖還沒有攫取政權的實力，却也是日本資本主義的一個開路大先鋒，沒有這個開路大先鋒，日本資本主義是發展不了的。中國當時代表豪紳地主的憲政會不知自身就是構成君主專制的主要原素，反而很簡單，很輕巧，很廉價的來一湊日本的現成・怎麽會有好結果！

其次要說到國民黨的前身同盟會了，他所代表的，當然不是揚子江黃河流域的封建官僚與地主豪紳，就其發祥地說來，他是代表珠江流域的革命的新興商工業階級的，所以他的歷史，極是有光榮的革命歷史。我們知道，列強資本主義的闖關，是先在南海方面，這其間，南海方面一方雖是受列強資本主義的腐蝕，一方却已發動了不少的新式商工業，固然新式商工業還是幼稚的，還沒有成爲少壯的商工業，還急切沒有能力取得政權的可能，而要求適合於新式商工業發展的地盤，却是十分的。自然，在一方要外崇國信，一方要羈縻漢人而陷於僵局的清政府，决不能担負這個使命，勢非推翻一個，建設一個不爲功。顧清政府當時雖已走近墓道，說是要推翻牠，也是一件偉大事業，就是非急切的多找一些同盟者是不能輕於一發的，然而中國的經濟進程極不一致，有的雖已爬上了近代商工業的階段，有的還是中世紀的同業組業，有的還是部落的畜牧，經濟的階層既不一樣，而各個的願望當然也不一樣，老實說，同盟會當時雖是打的三民主義的旗子，而最爲大多數人所需要的怕只是一民主義——民族主義（排滿革命），因此，辛亥革命的成功，怕是需要二民主義的（民族，民權）新興商工業階級只參加了十之一，參加十之九的乃是一爲憧憬着革命可以解決民生的封建勢力與帝國主義兩重壓迫之下的失業的農民（會黨），一爲表面全部接受三民主義，骨子裏全部反對的清室投機的封疆大臣與新軍領袖們，遂將清帝國葬送了。實際說來，此刻同盟會的意義，已失了該會在發硎地成立的意義，已老早植了「革命成功，革命黨消滅」的根基，起義的先生們又何必到了後來才作爲憤激的口頭禪！

第五節　怎樣掛出民主國的幌子來的？

參加了所謂辛亥革命的失業的農民們自然沒有解決民生，或者重理他們的舊業（會匪），或者當兵吃糧，（只要都督們借得着洋款，括得着地皮，不愁不擴充兵額，當兵吃糧是農村失業者的大救濟，可是越有人擴充兵額，越發增加農村失業者，這是一個連環性似的），那是不成問題的，可是清室投機的封疆大臣與清室新軍的標統協統支配了辛亥革命後的政權之後，也居然掛出一個中華民國的旗幟來，這是何等的滑稽！茲將該時的所謂民軍都督，約略舉出幾個人來：

山東巡撫孫寶琦　九月二十三稱民軍都督
廣東巡撫張鳴岐　九月十九　稱民軍都督
安徽巡撫朱家寶　九月十八　稱民軍都督
江蘇巡撫程德全　九月十四　稱民軍都督
九江新軍標統馬毓寶　九月初二　稱民軍都督
南昌新軍協統吳介璋　九月初十　稱民軍都督
雲南新軍協統蔡　鍔　九月初九　稱民軍都督

福建新軍統領孫道仁　九月十八　稱民軍都督

這些人們至少十分之九可說是代表豪紳大地主的，幾曾見歐美民主國家只是地主和豪紳的代表？可是在我們這中華民國內，倒沒什麼要緊，看見了中國客廳上常擺着叫自鳴而不一鳴的鐘，就可聯想到中華民國。自鳴鐘是歐化，中華民國也是歐化，都是場面的，時髦的工具，至名實究竟符與不符，在我們這受精神文化陶養有素的中國人，倒不十分感覺得，因此，中華民國一切的事件都可作自鳴鐘觀。尤其使我們駭怪的，中國講時髦，講場面實有出乎人們想像之外的，你看那種肉薄，拚命，要濺敵人頸血的所謂革命，當然不是好耍的，偏偏辛亥起義年間，偏各租界都是滿坑滿谷地摩拳擦掌，氣吞胡虜的革命黨，雖然拳頭老打不出租界以外些，畢竟當時講革命，是極時髦，極場面的東西，所以人人都在「租界上奮鬥」，不僅可分得革命成功後的酧庸，並且博得「識時務」的美名。果然革命成功了，並且掛出中華民國的招牌了，立憲國家應有政黨，中華民國豈能例外！所以當時不僅國民黨，還有什麼統一黨，民主黨，共和黨，在各都會，各市鎮都掛着長闊一方丈的大紅黨旗，寫着「某總部」，「某支部」，某「交通事務所」，眞是「好不赫耀人也」，這一來，就轟動了許多講場面，講時髦的中國人，覺得你有了黨籍，我非得有一個黨籍不可，猶之張公館的客廳內有了一架自鳴鐘，李公館的客廳內亦不可不有一架自鳴鐘一樣，鐘的性質如何？鐘的效用如何？爲什要有自鳴鐘？管不着，政黨是代表地主階級？是代表商工業階級？是代表農民階級？是代表勞動階級？管不着，總之既有了這個東西，就非染一指不可。

本來以地主豪紳們打出一個中華民國的幌子，算是再滑稽沒有的事，既以封建勢力相號召，封建勢力又安得不從而附和之？故蔡鍔起義之促亡洪憲與否，馬廠誓師之打倒復辟與否，都沒有多大關係，這就是說封建基礎沒有打毀，封建勢力決不會消滅的，光是一個民國的幌子要他作甚？

第二章　中國的土地制度研究

第一節　中國井田制的原起

說起中國的土地制度來，就不能不先述及歷史上的井田制度，因爲這是人類由游牧到土著後一個必由的階段，顧井田制度據中國儒家宣傳，說是封建盛時的一個德政，鄙意以爲不然，井田制度當發源於氏族共產社會，這證之各國經濟史都有這樣必經的事實，迨氏族共產社會發展而爲封建社會，即氏族的族長形成了君主之後，井田雖然可以存在，而井田村落的社會成員，已成了封建社會的農奴，已不是一井通力合作的自由民了，茲試爲比較的研究，以證明儒者傳說井田制度起於封建盛時之非是。

(一)斯拉夫的密爾　這於一八四七年爲普魯士樞密顧問官海格士道正 Hatxthausen所發現，他於一八四三年游歷俄國的結果，歸而著「關於俄國內部狀態，民族生活，尤其土地制度的研究」一書，證明俄國密爾制度，是俄國共產的遺物，據他說道，密爾制的土地分配，凡是能夠利用土地的人口，都能得着平等的分配，若是死亡，則將土地交還於密爾。至土地的遠近或肥瘠，分配上本也煞費考慮，然其價值上先必品搭勻稱，再以集會抽籤的形式來分配，也能絕對的保持正義與公平。這本是密爾制度的原起，然到了中世，密爾竟成爲封建領主貢賦的機關，就在一八六二年，亞力山大二世有名的解放農奴，而密爾竟成爲國家榨取租稅的機關，密爾本身的意義，已蕩然無存。

（二）日耳曼族的馬克　這是一八五六年德人摩列爾 Georg Ludwig Maurer 在其「德國馬克制度之歷史」中說得很詳悉，據他說來，馬克共產體最初行於德國全境，不用說，土地是村落共有的，而非各個成員的財產，各成員受分的耕地，乃以抽籤法施行，其對於耕地雖有一定期間的使用權，却沒有所有權，而只叫作抽籤地。至森林、牧場，河流等則爲不分割地，而爲馬克全體使用。再馬克成員的義務，則有公路的建築，軍車的裝製，馬克的防禦，馬克會的出席，若遇緊急事件，則有拋棄任何的工作而報告於馬克全員的義務。

馬克的最高機關，就是馬克集會，這個集會，是沒有男女，老幼，職業區別的全成員，每年有一定的會期，由馬克職員召集。議事的中心，就是關於馬克的經濟及行政，如共通的建築，播種，收獲等等日期的決定，耕地的交代，職員的選舉，軍事司令官的選任，都取決於這個集會。這大概是馬克制度原始的意義，然到中世，這些馬克中的族長漸漸割據起來，其中尤爲稱雄的如佛蘭克族，開始的族長本爲馬克所選舉，漸次族長則丟開選舉而成爲世襲，佛蘭克族既是各族中的强者，故佛蘭克族得併有其他氏族，而形成佛蘭克王國，於是昔日同等的馬克成員，今則降爲佛蘭克王的農奴，而佛蘭克王既爲全土地的所有者，故也成爲全人民的代表了，這種演進，這種變遷，是在歷史上表現得最明白的。

（三）昂格魯沙克遜的村落共產體　元來英國的土著爲韋脫人（卽今日愛爾蘭人），到第五世紀的中葉，爲今日英人祖先的條頓，昂格爾，鳩脫，佛立向，沙克遜等諸民族越北海而渡英土之後，遂將土著的韋脫人驅逐，而形成昂格魯沙克遜村落，這些村落，爲十家族乃至十五家族所形成，就叫作頓Tun，當然，土地也非個人的財產，而屬於「頓」所有，他們的耕作地，稱爲一「士特立普」Strip也叫作「哀加」Acre，卽每日所能耕得面積的意義。他們耕地並其遠近肥瘠的分配，也是採用抽籤的形式，至牧場草原，都是共同使用，不事分割。

他們的最高機關，也是村落集會，決定的事件——牧草與穀物成長地的遮攔，播種，耕作，刈獲，共有地的管理事務，牧放牛羊豚等的頭數，都由這個會決定。同時並選出職員，如最高職員名 TheReeve，司村落行政事務並執行議決案的，有幫助最高職員的哈威德 Hayward，有管理牧場的未達士曼Meadsman有監督森林的烏德立普Wood Reeve也由這個集會所選定，這屬「頓」制大概的來源，然一入中世的封建時代，村落集會變爲租稅式貢賦納入的主體，「頓」自然也只成爲封建的搾取機關了。

（四）秘魯的馬加，我們知道秘魯在未被西班牙人征服之先，尚有一個印加帝國，但是印加人還非秘魯的土人，當印加人未至秘魯的時候，秘魯土人的村落叫做馬加Marca的也是一種村落共產體，凡土地，也是村落的成員平等使用，對土地只有用益權，沒有所有權，土地的分配，也是採用抽籤法。秘魯的馬加，常附加許多動物名稱，如鷹馬加Huamanmarca兀鷹馬加Pacomarca，這或是同一血族的圖騰團體的稱呼。然而這種平和的村落共產團體，至第十世紀，十一世紀印加族襲來的時候，就在馬加的基礎上建立了印加帝國，馬加雖沒有全部崩壞，然只成爲担負印加族的賦役與貢賦的機關，已算大大地改變了舊日的形態，至一五二六——二七年，西班牙人畢扎羅Pijarro征服秘魯之後，馬加的形與質，已完全消磨於屠殺，狩掠，勒贖之中了。

右所述的幾個例子，大致都是一樣的，總之不管它空間如何懸隔，時間能否一致，凡是走上初期農業階段而又能土著的部落，必定都具有這種相類的形式，準此說來，中國的井田制度，也必發生於初期的農業階段無疑。然則中國初期的農業階段，究竟在中國的什麼時代？大概總在傳說的神農時代以後，或者井田制度亦發軔於該時，歷黃帝以至唐虞．或為井田制最完備的時期，歷夏殷周的三個封建時代，或則變形，或則變質以至於消亡。茲試進而略述其大概。

社會進化的齒輪．單在生產技術進展的程度，然鈎稽一二古說，似乎三代以前的宣傳許多制度文物，朝覲會同等事，太近於誇張，我以為至少在夏時，才稍具封建的雛形，在夏以前，或完全為部落時代。社會組織的嚴密，政治領域的擴大，決非一二英雄神秘的力量可以完成，若沒有經濟的骨幹，怕只是肥皂的氣泡，馬上就會消滅的。茲據——

越絕書說：「軒轅，神農，赫胥之時，以石為兵，斷樹木為宮室」。

又：「黃帝之時，以玉爲兵，以伐樹木，爲宮室，鑿池」。

又：「禹穴之時，以銅爲兵，以鑿伊闕，通龍門，東注於東海，天下通平，治爲宮室」。

呂氏春秋：「未有蚩尤之時，民固剝林木以戰矣」。

禹貢：「厥貢惟金三品」，注上解釋的金三品，是指的金銀銅。

呂氏春秋：「趙氏攻中山，中山之人多力者曰，吾丘鴆衣鐵甲，操鐵丈以戰，所擊無不破。

越絕書云：「風胡子對楚王曰，當此之時，作鐵兵威服三軍，天下聞之，莫敢不服，此亦鐵兵之神。」

江淹云：「古者以銅爲兵，春秋進於戰國，戰國迄於秦時，攻爭紛戰，兵革互興，銅既不克給，故以鐵足之。」

由上所述看來，在所謂黃帝以前，還屬舊石器時代，因其兵器都是「剝林木以戰」的，其他也是粗造的石塊木棒可知。迨所謂黃帝時代，大概就從事農業，因其爲土著，故有「樹木的宮室」，然其生產技術亦只走上了新石器時代，政治上當沒有什麽發展，這是由他「以玉爲兵」的這一點看出來的。當然所謂玉的，亦只是石塊琢磨得光澤是了，决不是所謂「美玉」，由此看來，史上記載的黃帝「旁行天下」，「方制萬里」，「監於萬國」，「合釜符山」的話，决不信實，所謂黃帝的，亦只是民族部落之一耳，决不是可稱爲什麽天子的。

由黃帝以至所謂唐虞，其中的進步也不過由新石器時代進到赤銅時代，陶器時代，生產上的技術，也沒有什麽進展。生產技術既沒有什麽大的進展，則其表現於政治上的範圍，恐還不能超出氏族部落以上，雖然氏族部落也有大小的程度不同。所以墨子說：「堯堂高三尺，土堦三等，茅茨不剪，采椽不刋」又韓非子說：「茅茨不剪，采椽不斲，糲粢之食，藜藿之羹」，的確，這爲該時幼稚的生產技術之生活的反映，以這樣幼稚的生產技術，只夠得虞書上所說的鮮食（鳥獸的肉）和粸食（農產物，所謂粸食的，農產物還不易得），至說還着所謂「日月星辰山龍藻火宗彝粉朱黼黻」十二章的朝衣，我確實不敢相信，也就更說不上五禮的朝覲，五玉的瑞節，三帛的贄見，縱有，也只是幾個鄰接部落的酋長，討論對共同敵人的攻守，彼此結壤的劃界，決沒有嚴格的宗主國與隸屬國的關係。因此，我認爲井田制度，恰是在黃帝至唐虞的氏族部落間的產物，事實上，黃帝至唐虞也只是幾個部落的名稱，決不能稱爲什麼天子或皇帝，以這樣的生產技術也能反映出什麼天子或皇帝來。那中國眞可配稱爲「神州」了。

第二節　封建時代的井田制

從黃帝到唐虞，旣只所謂新石器時代，陶器時代，那末，他們所賴以生活的，必定是原始的農業與畜牧無異。說到他們的農業，不要想到就能利用牛馬的力，並且就有了那樣進步的「犂」，據今日在南非洲和昂哥拉的地方，他們還只能用木枝的銳端，在有濕度的地面上穿孔之後，用以栽植農作物，故在這種塲合，且屬於温帶地方的每一平方哩只能養活七十人，縱然黃帝到唐虞時代的農業生產工具，已不只用木枝的銳端，或且能「斲木爲耜，揉木爲耒」，然仍不能利用獸力，仍沒有利用獸力的鐵器，那一平方哩至多也只能養活一百人，故黃帝苟非神聖，決不能在帆船，牛馬還沒出現（縱然牛馬出現，或者還不知道利用）的時候，而能「旁行天下」，「合符釜山」的，故在這一個時期，決是自然的氏族部落，各不相屬的並立着，因爲經濟的力量，還無由發生這個聯繫的原故。第一圖，正是這一期

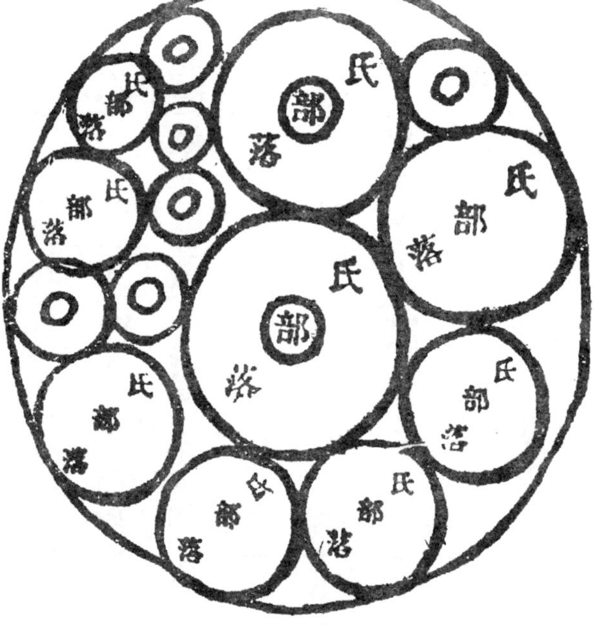

第一圖

的表示：至外面的大圓，是表示當時所謂「天下」的。第二圖是表示夏殷周之間的一種形式，外面的大圓也是表示所謂「天下」的，正中的圓是表示有了中央，至正中的圓以外，還是大小不等的氏族部落並立着，有的雖然有時也受着中央的羈縻，然止於羈縻，決沒有很深的隸屬關係。我何以要認定封建的雛形只是開始於夏？其理由有三：(一)從唐虞到夏，已由新石器進到銅石器，其表現於生產技術上自有相當的進步。(二)我們知道古代的文化，都是河流的文化，如印度之於恆河，埃及之於尼羅河，美索不達米亞之於幼發拉底斯河，底格里斯河是。人們既藉這種自然灌溉的恩惠，而能孳養生息，亦必發生很大的集團出而料理河工，如修閘，築堤等等，顧料理河工等事決非普通的農民所能濟事，必能眞確地知道洪水的紀錄，定期的氾濫，冰雪的融解，雨水的季節，架橋修閘的技術，天文數學的學識，才可担負得起這件大事，然而這樣說來，須有長期的分工才行。即一方非有專事生產的農民，一方非有完全脫離生產領域而專事於技術和學識的修養不可。然苟如此，即是治者階級與被治者階級形成的濫觴，殆亦封建制度所以發生的從來。中國古時爲黃河流域的文化是不錯的，也賴有這個黃河流域，才能形成各個的氏族部落，然只是各個的氏族部落，從黃帝到唐虞，各部落間决沒有何等主從的聯繫。以極慣於氾濫的黃河，從黃帝到唐虞間竟沒有提及一回治河道的工程，寧非咄咄怪事，豈是黃帝到唐虞約略數百千餘年(?)黃河不曾氾濫過一次？若是曾經氾濫過，而各部落間又有嚴格的主從關係，豈僅坐令氾濫，坐與波臣爲伍？我敢斷言，黃河此時也是氾濫的，所以沒有提及治河的工程，必定一是各個獨立的氏族部落不相聯繫，二是該時代的氏族部落其智識上也只認氾濫同地震暴風雷雨一樣，爲不可抵抗的自然力，準備聽天由命罷了。可是到了虞夏之間，也有了「乃命羲和，欽若昊天，歷象日月星辰，敬授人時，」的天文學，這明明是有了治者階級的模型，也正是實際生活進展上之必然的要求，實際生活既有進展，其經濟的聯繫，亦必比較的擴大，尤其黃河橫亘的面積至爲遼濶，要使之不起氾濫，直接成爲人類生活的益流，也當然不能以鄰國爲壑的辦法，自非各處通力合作．窮源竟委不可，所以到這時候有所謂禹的，竟能把這個「湯湯洪水方般蕩蕩懷山襄陵」的黃河，弄到「九州攸同，四隩既宅，九山刊旅，九川滌源，九澤既陂，四海會同，」這却是封建時代的象徵，在古代社會只有於治理遼濶的氾濫的河水工程上，才足表現其爲封建時代，才足表現其不是各個獨立的並列的氏族部落，才足表現其經濟聯繫的擴大，不只是數十人乃至數百人的一個集團。(三)黃帝至唐虞的中間，年代難考，系統難分，而且其中還夾得有所謂禪讓問題，卽此數點，足以爲氏族部落的象徵，正可証明其爲並立的各不相連屬氏族部落，若說爲封建時代，自有傳統的封建思想，英雄觀念，來把這個寶座由已系的繼承起來，我決不相信什麼「堯德如天」，「舜德如地」而不以王位自私的這一套胡說，然而一到夏時，叫禹王的就毫不客氣，就把寶座直接傳給他的兒子叫啓的，故由這點說來，封建也是開始於夏代的。

第二圖

據以上三個理由，封建乃起於夏代自不成問題，然而也只是封建的開始，各部落與中央——的聯繫，還不十分緊密，因爲除了河水工程的一個聯繫外，其他生產上雖然能夠利用風力水力（帆船等）和獸力（牛馬等）然而器用上還在極不進步的銅器時代，故其生產力必是十分微弱的，故在第二圖上雖也有中圖的中央政府的表示，而其外面的部落還是雜然並存，與中央的紐帶還是不十分堅牢的樣子，這種狀況也許經夏以至殷朝的全代沒有多大的改變，或者夏時爲赤銅器，殷時爲青銅器也未可知。不過歷時千餘年（夏代傳說四百餘年，殷代傳說六百餘年）之後，到周初或者就有寶貴的鐵器出現了，鐵較銅和青銅更爲堅硬，更爲銳利，它在生產上是放了一個新異彩的，生產効率的增大，是突過前世的紀錄的，生產技術旣有大的發展，故其經濟聯繫也至爲廣被，因之各處的藩封與中央的關係也就十分密切，而且各處藩封的都有受封的年月，都有嚴正的譜帖，倒不論是兄弟之邦（同姓的藩封）或甥舅之邦（異姓的藩封，）這比籠統的紀載「禹會諸侯於塗山，執玉帛者萬國，殷時千三百餘國」的系統何如？故上面第三圖是表示周代的封建系統的。

我們把氏族部落與封建階段弄淸楚之後，照各國經濟史的比例，就可知道井田制度的原起，並其變形變質以至於瓦解，庶不至墮入儒家宣傳的五里霧中而不知端倪。黃帝至唐虞既還是氏族部落時代，那末井田之存在於該時，猶之密爾，馬克等之存在於前封建時代一樣，然入夏到周，井田就已變質變形，而非復井田原起的意義了。考井田是「方里而井，井九百畝，其中為公田，八家皆私百畝」，這裏所謂「私百畝」的，並非對於該百畝有所有權，只是用益權，試觀漢書食貨志所說「民年二十受田，六十歸田」可知，卽土地的分配完全以人口為單位的意義。至所謂公田的，亦猶之密爾，

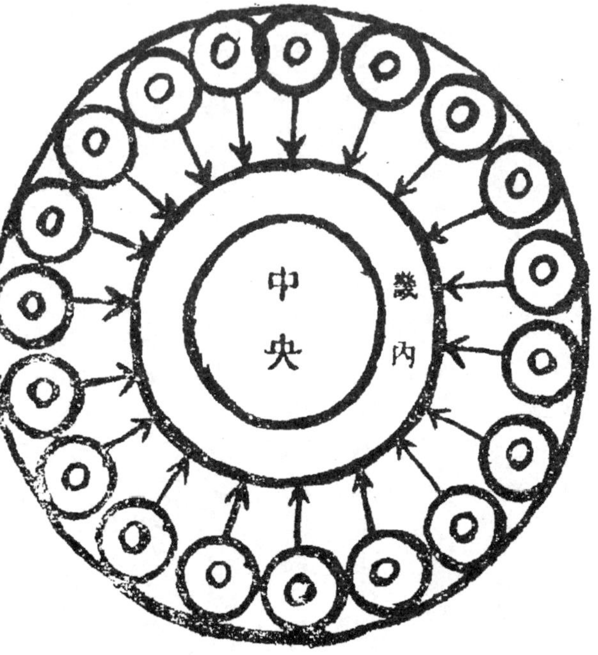

第三圖

馬克等一樣，井內也應該有些職員司組織並指導之責的，如「選其耆老有高德者名曰父老，其有辨護伉健者爲里正」，那末，父老與里正既是分工之下的現象，他們就得受一井的給養，所謂公田總是這樣來的。自然，這些父老與里正，當初必係選舉，久之則爲世襲，尤其當里正的好像是握有兵權的樣子，若是對其他游牧部落有戰爭的時候，里正將以軍事指揮者的資格，以軍法部署一井的成員，或者數井的成員（這在大敵當前的時候，各井必有大聯合的趨勢，既有大聯合，亦必有一個聯軍總司令），幸而一戰勝敵，則里正的威權自必日漸擴大，久之必且成爲封建君主，日耳曼的佛蘭克族成爲佛蘭克王國，就是由這樣來的，中國又何獨不然。所以一到了封建的夏朝，井田的形質均加改變，一井的成員與公田，有逐漸變爲王土王臣的趨勢，試看禹貢一書，近於王畿的地方則貢納農產物，如「納總」（禾藁，或許充燃料和馬的飼料的）納銍（禾穗，去掉禾藁的），納粟（也是藁），納米，其他遠於王畿則貢方物，如貢林產的篠簜，杶榦括柏等，貢礦產的金三品，瑤琨等，貢水產的蠙蛛魚等，貢狩獵物的如熊羆狐狸等，貢婦工的如織文，玄纖縞等，封建主的權威所及，則素爲井田的成員乃一變而爲人民，致貢於封建主，所謂致貢的，當然就是身分的區別了。

降至殷代，則依所謂「助法」，使八家共耕公田，而以其收穫爲稅，本來封建而至殷代，似乎對於人民的榨取當較夏代加重，然至殷代六百餘年，差不多沒有幾天不遭黃河的水患，就連殷代的都城，都遷移了許多次數，故所榨取的亦極其有限，然到周代，局面就不同了，一方因爲技術的，學識的大有進展，故對於黃河防禦的工程，也十分周到而未致氾濫，同時生產亦較前發達，大可刺激封建主奢侈的慾望，故在當時有所謂「以九職任萬民」，即三農，園圃，虞衡，藪牧，百工，商賈，嬪婦，臣妾，閒民等是。有所謂「以九貢致邦國之用」，即祀貢，嬪貢，器貢，幣貢，材貢，貨貢，服貢，斿貢，物貢等是。有所謂以九賦斂財賄，即邦中之賦，四郊之賦，邦甸之賦，家削之賦，邦縣之稅，邦都之賦，關市之賦，山澤之賦，幣餘之賦等是。並且此外還有所謂力役之征的，即每年使用人民爲夫役是，由此看來，這完全是封建主榨取的設計，完全是農奴奉公的寫眞，而井田之原始的意義，何曾殘留着一點影兒？故井田一入周代，其感受的影響恰與西班牙人畢札羅征服秘魯後的馬加一樣，恰與佛蘭克王國後的馬克一樣，井田還有什麽，亦不過是爲榨取租稅和力役的機關是了。

第三節　秦漢的土地制度

據上所述，井田在周初已完全變更了原來的意義，確也應該，我們在周初，不會看到就有借貸資本出現了麽？試看周禮上說：「凡民之貸者與其有司辨而授之，以國服爲之息」，這固然是官對於民的貸金，然若不能償還本和息的時候，田地有不沒入於官，人民有不被廹而爲封建主的「臣妾」和「間民」麽？（九職之一的）尤其是生產技術進展，生產力增大，生產品的參差，政治領域的擴大，即在民間有不發生借貸資本和商業資本的趨勢麽？民間既然發生了商業資本和借貸資本，必然發生土地的私有，土地的兼併，有不連根帶蒂的把實亡名存的井田毀棄盡致麼？我們在周初看同姓異姓的藩封約略有五十餘國，入春秋時就只二十餘國，入戰國僅僅剩得七雄，由這種併兼的場合，誰還能保存井田？却也是事實所必然，井田的生產關係，至夏殷時代已屬鬆懈不堪，至周代乃至周末，其瓦解是必然的趨勢，偏偏儒家的孔丘和孟軻猶緬懷井田，夢想復興，亦知井田的生產關係早已不能容納發達的生產機關麼？生產機關發達的結果，有不生出勞動力的游離麼？既已有了勞動力的游離，必是分工的盛行，既是分工的盛行，交換必然發達，交換既發達，商業並商業資本借貸資本之必然的來到，也是勢所必至，到這一個時代還在喊復興井田的口號，是不是太違背事實？所以儒家終歸是開倒車的工匠。

秦起西陲，遂霸中原，斯時井田已變爲阡陌，土地已集於富豪，幾乎完全是地主與佃戶的兩個階級，佃戶耕作地主的田，須納其收穫十分之五於地主，蓋較井田的什一稅約有五倍之多。我想秦代的經濟政策，必是專雇地主的，試看他們把天下的富豪遷徙到京城(咸陽)來的，一共有十二萬戶，又如「烏氏倮以畜牧起家，秦始皇則令倮比封君，以時與列臣朝請」，「巴寡婦清擅丹穴之利，秦皇帝以為貞婦而客之，為女作懷清臺」。秦代把這些地主和富商待遇如此的優渥，一是怕他們據地自立，不服正朔，一是為只要抓住了地主和富商，定可由始皇以至要二世三世乃至萬世的。不虞貧富懸隔，相差殊甚，加之又榨取生活綫上落伍的(佃農)勞力，如築延袤萬餘里的長城，就要役使數百萬人，經營驪山皇陵和阿房宮兩處工程，亦不下七十萬人，似這樣專把生產的勞力用於不生產的侈靡，雖恃地主富商為支持皇位的台柱，又豈能免除毀滅的途徑。

漢代以來，也許知道人民的困苦，乃減其稅率，只徵十五分之一，其後又減到只徵三十分之一，並且漢文帝十二年減其田租之半，翌年全免之，不過在漢代依然是佃田而耕者多，故這種經減的利益，只是給了地主，與佃戶是不相干的。我且引貨殖列傳一二節，以徵當時懸殊的情形。

「陸地牧馬二百蹄，牛蹄角千，千足羊，千足彘，水居千戶魚陂，山居千章之材，安邑千樹棗，燕秦千樹栗，蜀漢江陵千樹橘，淮北常山已南河濟之間千樹萩，陳夏千畝漆，齊魯千畝桑麻，渭川千畝竹，乃名國萬家之城，帶郭千畝，畝鍾之田，若千畝巵茜，千畝薑韭，此其人皆與千戶侯等」。

右所述的，完全是描寫的大地主，而且太史公都只舉出了「千」數，或是行文上的便宜，實際當還有超出千數以上的，然而一方既有這多與千戶侯相等的大地主，其他無地的，失業的，作姦犯科的當亦不在少數，故貨殖傳上又說：

「故壯士在軍，攻城先登，陷陣却敵，斬將搴旗，前蒙矢石，不避湯火之難者為重賞使也。其在閭巷少年，攻剽椎埋，刧人作姦，掘塚鑄幣，任俠並兼，借交報仇，篡逐幽隱，不避法禁，走死地如騖，其實皆為財用耳。今夫趙女鄭姬，設形容，楔鳴琴，揄長袂，躡利屣，目挑心招，不遠千里，不擇老少者奔富厚也。游閑公子，飾冠劍，連車騎，亦爲富貴容也。弋射漁獵，犯晨夜，冒霜雪，馳阬谷，不避猛獸之害，爲得味也。博戲馳逐，鬥雞走狗，作色相矜，必爭勝者重失負也。醫方諸食技術之人，焦神極能，爲重糈也。吏士舞文弄法，刻章僞書，不避刀鋸之誅者，沒於賂遺也。農工商賈，畜長固，求益富貴也。此有智能盡索耳，終不餘力而讓財矣。」

這簡直是沒有飯吃就去當兵吃糧，沒有兵當就去作刀匪，婦女們不用說，賣淫直成爲她們生活的源泉，至公的方面服務的，也是貪贓枉法，無錢不要，這一段確是描寫盡致了。在這樣大地主專橫，佃農小民無法自活的場合，徒事減輕賦稅，終於沒有搔着癢處，因爲再減輕賦稅些，猶不啻在鼓勵大地主，與佃農何與？所以董仲舒曾有「限田」的提議，以示對大地主的限制，試觀董仲舒說武帝道：

「富者田連阡陌，貧者亡立錐之地。又顓山澤之利，管山林之饒，荒淫越制，渝侈以相高。邑有人君之尊，里有公侯之富，小民安得不困？或耕豪民之田，見稅十五，故貧民常衣牛馬之衣，而食犬彘之食，……古井田法難卒行，宜少近古，限民名田，以贍不足……去奴婢，除專殺之威」。

據董子所述看來，大地主簡直埒於君侯，其田地被剝奪了的則降爲奴婢，地主不高興的時候，對於奴婢要殺就殺，莫敢誰何，這簡直就是古代希臘羅馬控制奴隸的社會，所以董子要提「限田」的議以示限制。然僅僅有這個提議，實沒提出什麽具體的辦法來，到成帝哀帝時，師丹孔光等對於限田曾擬有實行的辦法，亦爲豪強的勢力所格，未見實行，大地主的驕横，於此可見一般。

新莽即位的時候，曾毅然下了解決土地的決心，一律把土地收歸國有，不准私相買賣，故他即位後的一道令，就是

「……今更名天下田曰王田，奴婢曰私屬，皆不得買賣，其男子不盈八，而田過一井者，分餘田於九族鄉黨」。

他這道命令，雖然還承認奴婢是私屬，雖然對於奴婢沒有解放，而把土地一律收歸國有，又令耕者平等分配土地，確實是快刀斬亂麻的根本辦法，然而地主的勢力，竟是積重難返，新莽的這道命令，簡直沒有人遵行，所以新莽終於妥協，到第三年後，又下詔「諸食王田及私屬皆得買賣」，地主何等強梁！終之地主勢力竟連妥協的新莽都把他推翻，殺掉了。說來却是應該，新莽自己失掉了立場，換一句說，就是沒有階級的基礎，你立在佃農和失業者的方面，就應該澈底的把他們勢力培植起來，就應該斬釘截鐵的以政治的手段廓清地主的勢力，你若立在地主方面，自然是與地主要結成堅固的同盟，以便剝削上再加剝削，可是這樣說來，漢朝的江山，決不會輪到你的名前來，因為漢代庇護地主的政策，決不遜於你的庇護地主的政策，畢竟你為帝王和首領的思想所籠罩，想脚踏兩邊船的一眼望着佃農和失業者的人民，一眼又對地主頻施秋波，以為踏着兩邊船了自可履險如夷的，不知其危險殊甚，終於地主也放心你不過，深恐你對他們沒有保障，至佃農羣衆也看到你心上另有所屬，終非他們的解放者，而怨毒特甚，故臨他就戮的時候，地主和佃農都爭欲食一臠之肉以洩憤，這完全是新莽的妥協政策所致，於他人何尤！

新莽既已坍台，終絕的地主政治又重上舞台，故後漢的土地制度當然是前漢的衣鉢相傳，光武雖也是三十而稅一，然而受恩惠的都是大地主，於佃農何與！可是終兩漢時代，有幾種賦稅是人民都不能免的，尤其是佃農們不能免，如田稅以外，而有一種口稅謂之算賦，即人民從十五歲起到五十六歲止，每人每年出錢百二十文，謂之一算。又有七歲到十四歲出的，每人二十錢以食天子，謂之口賦。這固然是凡爲人民都不能避免的，然還有一種更賦，這或是古「力役之征」的意義，富豪們固能出錢了事，然貧農和佃農的，都是要親事繇役的，到了桓帝靈帝的時候，這種賦稅越發加重，至曹操秉政的時候，則更花樣翻新，即凡田一畝出粟四升，凡家一戶，出絹二匹，綿二斤。於是下層羣衆更屬「民不聊生」了。

第四節　晉魏唐的土地制度

晉代鑒於漢末的情勢，也曾發布過所謂「占田制度」，占田制度是應人民的男女，老幼而課以一定額的土地的意義，即男子一人占田七十畝，女子三十畝（這是指一戶說的），此外，丁男課田五十畝，丁女二十畝，次丁男半之。女則不課，一方則對於王公官吏的土地占有額則加以限制，這在表面看來，也不能不說是對土地兼併的一個救濟，然其意義却別有所在。試看漢末中原鼎沸，戰亂相尋，人民相率流亡的結果，自必引起土地的荒廢，但一國的農民都不能土著了，一國的歲入不是虛懸麼？故晉代的占田制度，完全是基於國家的收入政策，並非社會政策的實施，因爲如此，故苟人民承受土地之後，就不僅「丁男之戶，歲輸絹三疋，棉三斤，女及次丁男爲戶者半輸」，並還要服兵役及其他各種雜役，終之人民都裹足不前。至對於王公官吏的占田加以限制的，也是防備無稅地增大的計畫，因爲王公等的占田，是不負一切義務的，畢竟王公等對於土地兼併的還是兼併，也不肯吐出一點土地來，所以終晉之世，占田制度只是其名，並沒有大施行過。

南北朝的後魏時候，又有所謂「均田法」，大概是把田分爲露田和桑田二種，人民年達十五，男則給露田四十畝，桑田二十畝，女則給露田二十畝，奴婢的給田，準良丁的額，有牛則給露田四十畝。所謂露田的，是種穀的田，民年到七十或身死的時候，則還諸官，桑田是植桑，棗，榆的田，身死不還，准許永業，至土地的還受，則爲每年正月。這種均田制，確是防制土地兼併的一種好辦法，不過北魏自游牧地入主中原以來，若非從農業着手，他的國用是毫沒有辦法的，尤其自五胡十六國大亂以來，楊子江以北的地方，人民蕩析離居，田地大半荒蕪，要使游民土著，勤於稼穡，想是後魏太祖以來如何苦心孤詣的事！畢竟魏之均田制止於是國家的收入政策，止於是把荒蕪地分給人民，並非削豪强之田以與貧農的。再北齊則爲丁男課露田八十畝，丁女課露田四十畝，又別課永業田二十畝，北周則有室者課田百四十畝，丁者課田百畝，想係戰亂相尋，土地更爲荒蕪的原故，須知此時正是田浮於人，田土一經荒蕪，不是租稅無由出麽？我們試看北魏的稅制，是公田每畝徵稅五升，私用每畝徵稅一斗，北齊則年徵粟二石五斗，絹一匹，棉二兩，北齊則年徵粟五斛，絹一匹，棉八兩，至丁男課田百畝的，其徵例視有室的減半，就可知道是極端的租稅政策了。

唐代仿行後魏的均田法，而發布所謂班田法，這是唐高祖武德七年的事，因此而立出租庸調的稅法。租是賦稅，受田的每年輸粟二石，謂之租。庸是丁稅，卽每年力役二十日，遇閏加兩日，不役的，每日折輸絹三尺，謂之庸。調是戶稅，因地方的出產，或輸，綾，絹各二丈，棉三斤，或輸布二丈四尺，麻三斤，謂之調。這是租庸調的大概，是根據班田法而制定的，至班田法的內容是，男子滿十八歲，則給田百畝，以八十畝爲口分田，二十畝爲永業田，有篤疾，廢疾的給田四十畝，女子在原則上雖不能分給土地，但寡妻妾則給三十畝，其爲一戶的，則增給二十畝，其中皆以二十畝爲永業田，餘爲口分田。所謂口分田的，只限於一代，略當後魏的露田，田的授受時期，以每年十月至十二月爲常。至永業田，則略當後魏的桑田，是種植桑，棗，楡樹等的區處。再於此等田之外，對於良口三人以下，奴婢(不給別項土地)五人以下的，還發給宅地一畝。

唐代的這種班田法，所以說是集晉魏來田制之大成，然而我們仔細窺探這種立法的精神，依然同後魏一樣，而是國家的收入政策。本來班田法在原則上應是不許賣買土地的，因爲允許了買賣土地，土地的分配就失其均衡，可是班田法中同時規定着：「移住他鄉或以貧困不能舉葬的，得以賣去其永業田，又自狹鄉徙住寬鄉時，尙可賣其口分田」。那末，旣有了賣買，班田法的意義何存！固然，所謂寬鄉狹鄉的，想必就是荒蕪地和膏腴地的區別，國家爲提倡拓植事業，獎勵農民去開闢草萊，自亦未嘗不可。姑無論膏腴地段成了狹鄉，在論理上已然就是兼併的表現，然而對於徙住寬鄉的所存留的口分田，沒有說是將口分田收之於公，而是「可賣其口分田」，可見班田法的本意，並不在乎均土地。

顧唐代何以要頒行班田法？大概是由於兩晉六朝間的戰爭不息，游牧部落的五胡騷擾中原，因之使人民有的死於鋒鏑，有的苦於征戍，有的疲於供億，遂致蕩析離居，土地荒蕪，農業時代的農民不能土著了，農民固無以爲生，抑農業的國家豈能獨存？故唐之初業急欲要施行班田法的，就單在使人民土著之後，以便實施其租庸調。既已頒行了班田法，何以到唐太宗，中宗的時期，而班田法又開始廢弛，至唐中葉，就簡直絕跡了咧？據文獻通考說來：

「……至唐始分爲租庸調，……然口分世業，每人爲田一頃，……所謂租庸調者，皆此法受田一頃之人所出也。中業以後，法制廢弛，田畝之在人者，不能禁其賣易，官授田之法盡廢，則向之所謂租庸調者多無田之人矣，乃欲按籍而徵之，令其與豪富兼并者一例出賦，可乎？授人以田，而未嘗別有戶賦者，三代也，不授人以田，而輕其戶賦者，兩漢也，因授田之名而重其戶賦，田之授否不常，而賦之重者已不可復輕，遂至重爲民病，則自魏至唐之中葉也」。

顧這種說法，只說到班田法廢弛的當然，而不知其所以然，元來中國的封建，雖號稱廢始於嬴秦，實際從漢以來，又恢復了封建的局面，沒有腐蝕封建社會的要因，封建制度是終於不能廢的，封建社會與非封建社會的焦點，就是土地資本與商業資本間的興替，秦之統一六國，完全是基於他僻處西陲，與戎狄周旋的朝氣，而以之臨名分森嚴，階級隔閡，暮氣沉沉的中原，故能所向克捷，這猶之日耳曼人併吞羅馬一樣，雖說有程度上的不同。初非是像歐洲葡萄牙，西班牙初期商業資本的國家平分東西兩半球一樣，故廢藩置縣之後，終於很短促的期間，爲地主勾結的戍卒們所打倒。漢以來懲秦孤立之弊，其在同姓的諸王國皆連城數十，踰於古制，諸侯國對於朝廷，其位在三公之下，諸列侯在九卿之次，各皆設置丞相，御史大夫等職。其在異姓有功的，也封爲列侯，大者食縣，小者食鄉亭，至漢季，都還有亭侯的名目。魏之初制，封王之庶子爲鄉公，嗣王庶子爲鄉侯，公之庶子爲亭伯，其後定制，凡國王，公，侯，伯，子，男六等。晉亦有王，公，侯，伯，子，男之封，諸國皆有食地，國大者以二萬戶爲限，以次遞減，至男國，亦有地四十里，有戶四百，這種分封，宋齊及梁，都沒有多大的變異。

唐代從其租庸調的賦稅制度看來，已然就是田型的封建社會，卽每年有一定的田稅，戶稅與力役，尤其所謂「良口」的，當然就是歐洲中世的自由民，所謂奴婢的，不用說就是農奴了。若再稍爲具體地說來，更可証明唐代的封建社會，如當頒行班田法的時候，對於有爵位的永業田，規定爲親王百頃，正一品六十頃，從一品五十頃，國公正二品四十頃，郡公從二品三十五頃，縣公二十五頃等等，對於有職分的職分田，規定一品爲十二頃，二品爲十頃，三品九頃，四品七頃，五品六頃，六品四頃，七品三頃等等，所謂職分田的，是因官職的大小而給田的，猶之今日的公費。我們卽就這種規定看來，貴族們的土地耕作，就已需要大批的農奴來從事農耕，而況貴族們決不安心於規定的土地，勢必將自由民的土地占爲已有，這樣，班田法就必定蕩然無存，農奴們的粗放耕種必遠遜於自由民的集約耕種，致大大地減少其收穫，中國封建的農業經濟到了這個地步，於是又演歷史上換朝換國的故事。

唐之中葉，土地兼併的事實，猶爲顯然，所謂十節度使的，也就是十個小朝庭，如：

平盧節度使　駐營州(今內蒙古土默特右翼之地)管轄河北道東部(奉天省)

范陽節度使　駐幽州(今北京)　管轄河北道(直隸省)

河東節度使　駐太原　管轄河東道(山西省)

朔方節度使　駐肅州(今甘肅肅州)　管轄關內道東部(今寧夏)

河西節度使　駐涼州　管轄河處道(今甘肅北部)

隴石節度使　駐鄯州(今甘肅西甯州)　管轄隴右道(甘肅)

西安節度使　駐龜茲(今天山庫車)　管轄龜茲，焉耆，于闐，疏勒

北庭節度使　駐庭州(今迪化)　管轄天山北路今俄領七川州

劍南節度使　駐益州(今成都)　管轄劍南道

嶺南節度使　駐廣州　管轄兩粵及安南東京

其實唐代何止這十個節度使，從安史亂後，除邊徼的上述十節度使之外，內地的各道都有了節度，都是各統數州，手握土地，甲兵，財賦之權，並自置所屬官吏，儼然一個獨立國家一樣。在封建社會必有的現象，就在土地兼併，

因爲土地是封建時代唯一的生產手段。既是土地必然發生兼併，而所謂班田法的，自必是等於具文。

班田法既等於具文，而所謂租庸調的也無從實施，因爲施行租庸調的賦稅須有兩個先決條件，卽戶籍要明確，簿記要詳審，故當時兩種辦法是：

(一)戶籍　天下戶，量其資產升降，定爲九等，三十年一造戶籍，凡三本，一留縣，一送州，一送戶部。

(二)計賬　具來歲課役以報度支，國有所需，先奏而斂，凡稅斂之數，書於縣門村坊，與衆知之。

可是因爲賦役煩苛的結果，自必逃亡漸多，戶籍又從何處造起？因爲土地漸移於豪富的結果，土地何由授受？因此，租庸調的稅法也就不能行使了，但是國家的財政不由此瀕於破產？故於德宗建中元年，又由楊炎作出兩稅法，其法爲夏輸無過六月，秋輸無過八月，所謂「戶無主客，以見居爲簿，人無丁中，以貧富爲差」，果能由此做去，不能不說是稅制上的一大改良，然據陸贄說來：

「兩稅以資產爲宗，少者稅輕，多者稅重，然而有藏於襟懷囊篋，物貴而人莫能窺，有場圃囷倉，物輕而衆以爲富，有流通蕃息之貨，數少而日收其贏，有廬舍器用，價高而終歲寡利，計估算緡，失平長僞」。

據陸贄所說的看來，好像當時的稅賦，是重於農而輕於商。實際並不僅如此，當時還有如歐州中世的莊園，叫做「莊田」的，原爲王公，百官，富豪所領有的田園和山莊，除受朝廷給與的土地之外，還以一切手段兼併一切土地。置莊吏管理，使貧民，流民爲之耕種，而對於朝廷的租稅，有的則欺隱不納，有的則轉嫁於貧民，既已失了田產的貧民，自然不能擔負過重的租稅。可是在國家的財政上，一方既奈何不了王公，百官和富豪，一方就不得不將過重的租稅加於貧農之上，因此激動農民的原始的大叛變，如史上所載黃巢這一類的人，都是起於賦稅繁苛和大饑荒的年頭，有的傾覆封建的國家，有的擾亂封建的社會，可說是中國史上的常例，唐室的衰亡，不能不說是根由於此。

第五節　宋代的土地制度

唐室衰亡以及宋代的統一，僅僅五十餘年，凡有十三個皇帝，五個國號，其間關於土地制度，都沒有可稱述的，茲試述及宋代的土地制度。

宋代大略除一部分自由民的私有田外，還有所謂屯田，職分田。考屯田實發生於漢代，至北齊，唐代均有，原在寓農於兵，使兵因農以爲守圉的計策。職分田的意義，亦猶之唐代的職分田，視官爵品級的高下，而定授田的多寡，如兩京藩府四十頃，藩鎮三十五頃，刺史二十頃，軍監二十頃等等是。耕種的概屬浮客，落戶。屯田歷久弊生，士兵浮惰，不理農事，終之不能土著，就不能禦邊。此外則還有所謂莊田，這是從唐以來就有了的，宋代統一後，這個莊田之爲害，還甚於唐，宋朝當局，也很處心積慮的對於莊田這件事加以救濟，其主要的政策，就是對墾荒者的特典幷限田的制度。卽對於墾植逃戶的遺田幷天然荒土的農民，開始時，完全免納租稅；迨荒蕪地墾植成熟之後，猶打算只徵舊賦之半，其對於逃戶復業的，也適用同樣的稅法，這雖然是在使人民土著之後，着眼於國家的租稅政策，而苟能使人民安定，亦未常不可。一方面對墾荒者旣給予這項特典，同時他一方面若不施以限田制度，農民依然不能安居樂業的，故在仁宗時代，曾有種種規定，如公卿以下的田，不得過三十頃，衙門或將吏的，不得過十五頃，又徽宗時代，亦規定得有：一品官爲百頃田，二品以下遞減，九品官爲十頃，並且在這個限度以內的田，是豁免差科的，若超過了這個限度，就不能豁免差科，果眞這種規定能夠有效的施行，倒也可以救濟一世，然而王公富豪們那裏肯遵允這個條件？他們遵允了這個條件，不是失其所以爲王公富豪了麽？故這個規定不能實行，而上述對於墾荒者的特典，也是成爲具文了。

宋代的田稅和丁稅，是繼續唐代的兩稅法，所賦之物，分爲穀，帛，金錢，物產四類，徵收之期，則夏稅從五月起，到七月或八月止，秋稅從九月或十月起，到十二月或正月止。但其其徵收方法，特別病民，便是其徵收的時候，有所謂「支移」和「折變」的方法，何謂「支移」？就是百姓輸納租稅，本有一定地方的，却因輸納的地方，官家或許不要，所不輸納的地方，官家或許要這樣東西，於是叫百姓移此輸彼，故這一個「支移」的方法，却於百姓的正供之外，又奉納了許多力役。何謂「折變」？卽是百姓奉納的東西，官家往往不要，若變爲官家所要的東西，百姓們却因此吃虧不少，譬如四川起初，絹一疋爲錢三百文，草一束爲錢二文，於是輸絹一疋的，叫他折輸草百五十束。到後來，却把草一束估作錢百五十文，再叫他改輸錢，於是三百文的稅，已納到二十二千五百文了。

這種苛捐雜稅，人民就不易担負，然據上述土地的分配看來，這種的担負，究竟該落在什麼人的頭上？屯田是實邊的，是寓兵於農的，即使屯田的不浮惰，很能務農兼固邊，然亦只能輕減國家的外憂，於國家的歲入無與。職分田是王公富豪們的公費，未必能照例納租？至莊田也自不用說，它是王公富豪們的邸宅或莊園的所在，不是漏稅，就是轉嫁，然則國家偌大一宗田稅丁稅的大收入，直落在自由民的私有地上了，自由民從此怕是自由轉徙，自由流浪了。

宋代土地的分配既如彼，租稅的負担又如此，加之內而封建階級御用的學者所謂尊孔的理學先生們誠有如「癸辛雜識」上所說：「褒衣博帶，危坐濶步，或抄節語錄，以資高談，或閉眉合眼，號爲默識，而叩擊其所學，則於古今無所聞知，考驗其所行，則於義利無所分別」，外而野蠻的游牧部落亙宋室的終始，就在騷擾，就在侵掠，故宋末直爲游牧的蒙古人佔據了寶座。再據宋史食貨志看來：「稼一不登，則富者操奇贏之貲，取倍稱之息，偶或小稔，責償愈急，稅調未畢，資儲罄然，穀未離場，布未下機，已非已有，所食者糠籺而不足，所衣者褅褐而不完，直以世服田畝，不知舍此尚有可生之路耳」，據這所說，可見豪富的剝削，佃農的凄楚，故蒙古人卽不滅宋自立，而宋室在中國史上的換朝，可說是決定了的。

第六節　元代的土地制度

元代的土地分配，其詳不可得而知，而其稅法，也是仿照唐代的兩稅法，據續文獻通考說來：「丁稅地稅之法，自太宗始行之，丁稅少而地稅多者納地稅，地稅少而丁稅多者納兩稅，工匠僧道，驗地，官吏商賈，驗丁，虛配不實者，杖七十，徒二年，仍命歲書其數於冊，由課稅所申省以聞，違者各杖一百。世祖中明舊制，於是輸納之期，收受之式，關防之禁，會計之法，莫不備焉」。據此，則元的稅法，大抵自太宗以至世祖一統海內之時所定，他取於郡內的，是分丁稅和地租，係仿唐朝的租庸調法，取於江南的，分夏稅和秋稅，仿唐代的兩稅法。不過元代的雖有這樣的規定，我想農民在元代所受剝削的程度，當更比前代爲甚，（一）蒙古是北方的游牧部落，迨得着中原之後，一定是以征服者的種族宰制被征服的種族，一方自己必日染於奢靡的生活，怠荒他本來的遊牧事業，一方則盡量剝削被征服種族的農民，這本是中國史上遊牧部落統治中國的慣例，一方則剝削他人以自肥，一方則染上了文靡的氣習，而忘記了本來的獷悍勇氣，終之不能自振以致於滅亡，這就是中國人誇羡的所謂中國的精神文明同化他種族的過程。（二）蒙古統制者亦不殊於其他統制者，也能握着封建社會的咽喉，把封建社會的禮教來束縛人，他不僅把封建社會的「雪花膏」如孔丘其人的追封爲「大成至聖文宣王」，以便籠絡中國的豪紳士大夫，並且爲要握着土番的咽喉，又不能不推崇喇嘛教。可是喇嘛教的僧侶，都佩着金字圓符，往來中國和西藏，所過之處，都要地方官辦差，驛舍不夠住，就到民間去借住，驅逐男子，奸淫婦女，無所不爲。這都還不算，他們在中原的，還侵奪民田，強佔財物，莫敢誰何，因而有些富豪們也假托喇嘛，不肯輸租，兇姦們也假托喇嘛，得免刑戮。

準此說來，　代的農民，已然就是純殖民地的農民，其受征服種族的高壓與剝削，已屬無微不至，而况喇嘛的兇暴，富豪的欺凌，有能不逼迫大批的農民們「鋤頭鐮刀」，反上金殿的麼？故元末的如浙江的方國珍　安徽的劉福通，湖北的徐壽輝，江蘇的張士誠，濠州的朱元璋等雖都在以逐元興漢為名，實在他們的唯一武器，就是整千整萬失業的農民，於是蒙古大帝國，竟在農民的反叛聲中埋葬了。

第八節　明代的土地制度

明太祖朱元璋得國以後，以為元代因沒有藩封，故致為人所乘，其實元代也是封建的，如成吉思汗的四兒子分地尤大，試看：

兀朮　分得鹹海，裏海以北之地，

窩濶台　分得葉密立河(今新疆的額米爾河)一帶的地方，

察合台　分得昔渾河（今錫爾河）一帶地方，

施雷　分得和林舊地，

並且元代的帝位（大汗），多由本部族選舉的，如元太祖成吉思汗乃由於部族的公推，這或許還帶有原始的種族共產體的遺意。然而元之亡國，一面是毀壞了他中原的經濟基礎，卽農民物質上的，精神上的生活都無從維持，一面却是因「種族首長公推」的成議，萬難維持下去，而對帝位繼承問題起了不斷的內爭，遂致國亡於明，總之封建社會的統一，必有極大的武力才能維持，然而武力只是經濟的塊壘，經濟不充實，何能有優越的武力？財政不統一，何能有政權的集中？惟其爲產業不發展的社會，才有封建的體系發生，既屬封建的體系，而一個國王對於遼濶的幅員，事實上殆不能不封建，以圖所謂分治而合作。然而分治合作的結果，都必欲染指於帝位（寶座）的這一臠，因之各個養精蓄銳，冀於一逞，自然，人民困斂於這個養精蓄銳中是無用申述的，而國王縱再剝削他直屬的領地以維持其武力，又豈能有濟？結果，這個寶座將為其他口述「伐暴救民」的投機業者所代替。

朱元璋也是中國史投機業者的一個，他既攫取了這個寶座，雖然是借用了伐暴救民的武器，而既已達到目的，又何所用於武器？將更從而摧殘之。所以分封諸子於各要地，單是為維護寶座上打算，試看明的封建：

秦王樉	西安	代王桂	大同	潭王梓	長沙	岷王楩	岷州
肅王楧	甘州	楚王楨	武昌	郢王棟	安陸	韓王松	開原
晉王棡	太原	伊王㰘	洛陽	甯王權	大寧	慶王櫇	寧夏
湘王柏	荊州	齊王榑	青州	趙王杞	未之國	魯王檀	兗州
周王橚	開封	唐王桱	南陽	谷王橞	宣州	安王楹	平涼
瀋王模	潞州	燕王棣	北平	遼王植	廣甯	蜀王椿	成都
靜江王	桂林						

我們看了明代這一大批天潢貴族的分封，就可看出明代土地的分配，幷農民感受的剝削。明代的土地制度，到只有民田官田二種，所謂民田的，就是人民得自由賣買的私田，而官田的名目，就有了各種各樣，其侵佔的土地，實較唐宋爲盛，據明初的調查，官田的數約占民田七分之一，其地叚之廣大可知，以後又逐漸侵漁，民田或更所餘無幾了。茲試例出官田名目於左：

一　舊有的官田，這是從宋元以來遺下的官田，於官田中爲多數。

二　還官田　所謂還官田的，即前代貴族富豪的莊園。貴族們隨朝代而沒落，其田即還付於公家，故稱爲還官田。

三　沒官田　所謂沒官田的，即人民犯罪後沒收的土地。

四　斷絕入官田　這一項田是因戶口斷絕，沒有繼承的人，沒入官而爲國家所有的。

五　皇莊及皇族勳舊賜田　這一項田，我們看了以上大批王子的分封，所謂皇莊的，當然不在少數。如明武宗的時候，皇莊不下三百餘處，究竟每莊約有多少田？據神宗的時代，每一莊所占的田有實達二萬頃的，尤其在福王分封的時候，搜括河南，山東，湖廣的田爲莊田的竟達四萬頃，我們由此卽可估計明代的封建階級所占的土地當到了可驚的程度。但明代不僅有皇子皇孫的皇莊，並還有勳舊的莊園，賞賜的莊田或至百頃，尤其明朝繼元之後，重用了許多回人，他們也是園林別館，燈火相望，如北京圓明園舊址及其附近數十餘里，都是回人的莊園。此外武官及寺院的僧道，中官等也往往有許多莊田，可知有明一代的皇莊與莊園，所占的地當不在少數。

據上所述，那一切舊有的官田，還官田，斷絕入官田，皇莊及皇族勳舊賜田等等的土地，必然造出失業，流浪等許多無土地的人。而失業與流浪的旣失了土地之後，除爲失業與流浪以沒世外，又不得不靠近官田而爲官莊的奴僕，這雖與近日的手工業者因機械工業興起之後，自身一面離開了自己的小生產機關而服役於機械工業的生產機關，其程度雖不同，其趨勢是一致的。因此，莊園越多，失業與流浪的就越多，莊園越是漏稅，或隱匿租稅，就不僅莊園本身對於國家不負義務，而富裕的地主亦必奉納少數土地於王公貴族，亦藉莊園的名目而減免賦役，至管莊官，莊頭假莊主的威嚴而魚肉鄉民，怕尤其餘事了。然而越是普遍的莊園並富裕的地主減免了對於國家的義務，而國家爲圖其本身的生存起見，也就只有越發極高度的榨取農民，農民越被榨取的厲害，就越發急激的離開土地而成爲失業和流浪，到了失業和流浪成爲普遍的形勢，並構成一大勢力的時候，於是不期然而然的又是中國史上換朝換國的時代來到。

明代的覆滅，固然有外來的二個事實，一卽游牧部落的滿洲，覬覦中原農業的肥沃，猶如蟻之附羶一樣，幾有不達目的不休之勢。故以獷悍馳騁的勇氣，而當上層腐化，專尙名分與階級的集團，並下層已成流浪與失業的普遍羣衆，怎樣不像摧枯拉朽？－即葡萄牙，西班牙，荷蘭，英吉利等國初期的商業資本，在中國南方，已盡了腐蝕封建社會的任務，愈加搖動了封建的根基。然而唯其本身是封建社會，已然就是產業落後的象徵。而因封地之大而且多，莊園的觸目皆是，就越發要剝削農民，農民越是受剝削，就越失其購買力，農民既無購買力，而產業就越難發達。農民的剝削有加，產業上日漸衰頹，這本就是中國封建朝代興替的命運，故雖沒有外來的催命符，明室也是要覆亡的。

第九節　清代的土地制度

清代入關以來，即採用他先代金人的奪田政策，而大事圈地，元來金人在宋朝的時候，有所謂「奪田」，其方法在以先本是拿官地，荒田，逃田而使其本族游牧的金人土著化，但金人是不習農事的，就藉口於土地磽瘠，多成荒廢，金世宗則把漢人兼併欺隱的美田，奪與金人，然因此，就演成了無條件的奪取漢人土地的惡習，故史上謂之「奪田」。清代也是一樣，東來諸王及八旗兵丁，都強占田地，視爲已有，圈以標誌，是謂圈地。觀順治元年給戶部諭：

「我朝定都燕京，期於久遠，凡近京各州縣無主荒田，及前明皇親，駙馬，公，侯，伯，內監沒於寇亂者，無主莊田甚多。爾部清釐，如本主尙存，及有子弟存者，量口給與（客氣話，著者），其餘盡分給東來諸王，勳臣，兵丁人等。蓋非利其土地（然則何所希圖？著者），良以東來諸王，勳臣，兵丁人等無處安置，故不得已而取之（元來爲此，著者）。可令各府州縣鄉村，滿漢分居，各理疆界，以杜異日爭端。今年從東來諸王，各官兵丁及將來在京各部院官，着先撥給田園，其後至者，再配量撥給（當然！·著者）」。

我們看了上述明代的皇莊與莊園，就已不在少數，異族侵入，屠殺最甚，所謂「本主尙存」，「及有子弟存者」的話，常然只是一句冠冕話，縱令存在，又豈能以存在聞？至於無主荒田，當然是不計其數，因爲明末的闖賊，獻賊屠殺了許多年數，又加之淸兵入關的屠殺，早已路斷人稀，怕只是荒田而沒有主了，這正好對於「其後至者再配量撥給」。清代除圈地之外，還有所謂「馬廠」名目的田，這是清軍駐防各省的馬料田，此種田當亦不在少數，卽段祺瑞馬廠誓師的馬廠，也就是前日作了八旗軍的馬料田的。其實八旗軍之入關，豈只濫事圈地？並且濫占房屋，如順治二年諭戶部：「民間田房，有旗人指圈，改換他處者，視其田產之美惡，速行補給，務令均平，倘瞻顧徇庇，不從公速撥，從重處分」，這本是遮掩耳目的話，然由此卽可看出清代侵占房產的程度。總之清代既繼承了前明一切的皇莊與官莊，又佔據了無主的荒田，此外又於各省駐防的旗軍添設馬廠，那末，可耕的田之爲民人所有的，當亦寥寥無幾了。

清代的田賦，約分爲地丁和漕糧。此外還有租課，差徭，雜賦及附加稅。所謂地丁的，就是地賦和丁賦，地賦是量田而徵賦的，丁賦元來本是一種力役，至行了免役錢之後，於是納錢以當力役，但至清代，就沒有實行調查過戶口，而所謂丁賦的，就已完全攤入於地賦中而只成爲一種附加稅了。所謂漕糧的，是對於中央的官吏和士兵的給養，也不外地賦之一種。漕運起於兩漢，至唐宋最甚，多半都是貢獻的食物，大概到明末，已有少數部份轉納貨幣，到清末，才完全不納實物，而以貨幣繳納了。所謂租課的，是人民對於官地的租課，就中如官租，屯租，學租，蘆租，等是。所謂差徭的，本是徵了丁賦，應該免除力役，然在陝西方面還有這種制度，不外是又加了一道賦。至所謂雜賦的，若屬人民繳納的實物，必須另加什麽「鼠耗」和「漕耗」，就是須將運送中的耗散或鼠雀的耗散加以補充，若屬人民繳納的金銀，又因在京師改鑄時有所耗散，故又加上「火耗」，這大概都是屬於雜賦的。再附加稅，就簡直舉不勝舉了，當財政無辦法的時候，差不多有各種各樣的名目。

總之不管清代怎樣的搜括，我們在其土地分配上必然遇着財政支絀的難關，因爲實際生産的農民，很少有耕種自己的土地的，耕種自己土地的因苛捐雜稅的結果，必無力改良農事，致誘起土地生産力的薄弱，服務於旗田馬廠的，亦只是王公貴族的奴僕，終於改進農事上是不可能的。土地生產力越是薄弱，就愈加促成清室財政上的緊張，財政上越緊張，就越發要苛捐雜稅，無所不至，因此造成大批的失業與流民，此際清代任憑怎樣崇祀孔子，任憑怎樣開博學鴻詞，任憑怎樣優禮豪紳士大夫，終不能維繫封建社會的秩序，試看白蓮教蔓延了許多省分，白蓮教徒未熄，又是天理教徒出世，如滑縣的李文成，大興的林清，都是歷史上有名的，而且當時的口號，都是所謂「官逼民反」，雖說當時的農民都是極原始的叛亂，而亦可見清代剝削的一般。

加之此期國際的商業資本，又進到工業資本了，工業資本尤其是猙獰的面目，尤其是進步的搾取，越發腐蝕了封建社會的根基，使清室綦難統制，而這一個時期代表農民請命的太平天國，就已較前日的白蓮教等大有進步，他已不是原始的暴動，並且知道了清室與國際資本主義個中的勾結，故能歷時十餘年，占地十餘省，然而終敵不了資助清室的外國兵械的精良，故致一蹶不能復起。

然而清室自此以後，亦只成了東交民巷的留聲機，就是越發抱「甯贈友邦」，「勿與家奴」的决心，遇事惟洋大人之命是聽，一面贈給路礦各種權利於洋大人，一面則派兵屠殺拒絕路礦的人民，清室這一來似乎可以多延長命運而莫予毒的，不知因帝國主義本身在中國之勢力範圍的衝突，搾取的鐵網，不能一致，又因大部分的流浪與失業者，而立在排滿革命的旗幟下，而立在因帝國主義之來到，誘起新興的幼稚的工商業之民主革命的旗幟下，於是清代閉幕，於是中華民國出現。

十

中華民國以來，對於土地制度一仍清之舊，或者清代遺傳下來的馬廠與皇莊園等土地，也只成爲各該省軍事長官的馬廠與皇莊園，實際上，農民仍未得着尺寸，不僅未得着尺寸，且因舉辦新政的結果，還要出更多的捐賦，故由這一點說來，只可說是排滿換了朝，並不得說是革了命，因為實際上仍同清一樣、在某程度上說，人民比在前清時，還感受壓迫得厲害些，至所謂中華民國的，當然是一個名不副實的中華民國。

何以演成這樣結果的？這就是因為幼稚的商工業者擔負不起這塊民國的招牌。反之另一方面握社會重心的，必然又是豪紳士大夫們，你看民國元年二三年的政黨除國民黨少數的革命者外，餘如共和黨等都是千眞萬確的代表豪紳，地主，官僚的封建集團的，唯其如此，就有袁氏的毀法，就有袁氏的稱帝，就有段，曹，吳，張等的北洋系迭掌政權，須知袁段曹吳張等並不是個人的反動，乃是有反動的勢力作背景的，而這種反動勢力，在在都是過去土地制度的反映，這是最值得我們注意的一件事。

現在許多人交口稱述，好像說國民革命成功了，我以為除五色旗換成青白旗之外，我實沒有看見什麼？以青白旗而換五色旗，謂之中國史上的換旗則可，謂之革命，且謂之成功，未免有點滑稽。歸根一句話，在中國今日的場合，一個革命是要澈底的推翻封建制度，掃除封建思想的，推翻了封建制度，然後封建的豪紳士大夫們才不能因緣爲奸，才不能拿封建的舊禮敎（如尊孔，太極拳，改白話爲文言）來麻痺下層民衆的精神，也才有力量可以打倒帝國主義，也才可以廢除不平等條約，否則要使合帝國主義爲一體的封建集團去對帝國主義講打倒，對不平等條約講廢除，是最滑稽不過的一件事。

然則封建制度最重要的是什麼？怕沒有人否認不是現在不合理的土地制度罷。

第三章　封建思想的根蒂

第一節　舊時的封建組織與封建階級的享樂

現在豪紳士大夫們那一夥封建集團，設若不是在所謂半殖民地中華民國，而是所謂中華民朝，又設若把歷史倒退後幾百千把年，而不是二十世紀的今日，的確，他們呼喊出來的——，發揚固有文化，維持舊的道德等等，雖不是一般人清心火的聖水，然而表面上至少可以投合農業家族的保守觀念，骨子裏至少可以給不安分的叛逆者一個『僞定一時』的信號，省得他們多打些『臥場』的主意，這豈僅是『絕妙好詞』，並且可以說是『傳國密寶』，舊時的統制階級們直可說是聰明絕頂。

其實我說把歷史倒退後幾百千把年，還嫌說遠了，也不必倒退着這樣很長的距離，只要慣於做海盜的洋鬼子們不闖進關來都行，你看那時候交通雖不方便，却是上好的規劃是：天子地方千里，公侯方百里，百七十里，子男五十里，其沒有五十里地方的則附屬於强大的諸侯，其次名稱雖不一樣，性質是無異致的，如某時代的藩封，某時代的藩鎭，某時代的省道，某時代的督撫，各各分地而治，各各共事一主，這樣『分治合作』的精神，恰是締造農業老大帝國的一幅好靭帶。又因爲是農業自足的經濟，無由刺激封建集團很大的奢望，分業既沒有盛行，交換既沒有很發達，縱是封建集團極豪奢的享樂，當亦不能高出當時的生產能力和生產技術以上；故在史上極搾取之能事的，亦不過役使數十萬乃至數百萬人或事經營金字塔的皇陵，或建築偉大的萬里長城，或開鑿徒供玩賞的運河，然這一種榨取，也不能超過一定限度，設若一方被榨取的役使者，不能有物質上精神上最低度的維持，一方又引起農事荒廢之自然的大饑饉，與自然的旱乾水溢，勢必釀成封建社會一度的興替。至於所謂承平時期的生活享樂，其居處雖未必都是唐虞時代的『茅茨土堦』，然至夏代的中葉，『峻宇雕牆』的都說是亡國的象徵，以後的建築術，雕刻術縱然漸有進步，亦不過是稍爲別緻的樓臺亭閣，如章華台，阿房宮，未央宮是了，在當時的人們雖爲崇奢極慾，而較之今日由「昇降機」上下的，相差至少還有十萬八千里。再他們當時的生活，在未越黃河而至揚子江的時候，也不過是上好的黍，稷米的飯，殺則止於是牛肉（太牢），羊肉（少牢），猪肉，狗肉，（犬豕）等等，或許普通一點的還有所謂『山珍海味』，因爲當時的規定是『庶人無故不食珍』，那末，除庶人以外的封建上層，對山珍海錯當然是家常便飯了。然而牛羊猪狗等肉，就在封建上層，也不是無條件的吃的，他們的規定是『天子無故不殺牛，大夫無故不殺羊，士無故不殺犬豕』那除非是特別場合，天子祭天地並其列祖列宗，大夫祭五祀，士祭祖先的時候，才可乘便享用這一點牛羊犬豕的『胙肉』，可見吃一點牛羊犬豕等肉，都是要『有故』的。卽在春秋末年，這種情形還沒有多大的變更，試看魯國一個很小的國家，對於晉强國的進貢，不過是供奉十一只牛（十一牢，或者並羊也算在內），後來吳王夫差稱霸上國時候，竟要魯國供奉百牢，把魯國的君臣一個個都嚇得面無人色，其實這與辛丑年供奉洋大人的四萬萬五千萬兩，相差更不知有幾十個，幾百個，幾千個，十萬八千里，這也足見當時牛羊犬豕之十分的名貴，更可想到當時封建集團生活的一般。

以後縱然伴着生產力的進展，交換的發達，吃的花樣亦伴着翻新，然史上誇羨某宰相叫何曾，說他日食萬錢，『猶云』無下箸處，究竟一萬錢值得幾許？怕還不及今日中小資產階級上一次所謂大餐館罷！因爲一萬錢只有今日的三個餘『大那』，這又算什麽？以堂堂一個宰相每日僅僅是三個餘『大那』的餐費，還說是過費，可見當時封建集團的享樂是如何的平淡。至於民間生活那是更不用說，一般只要是『新粟米，炊魚子飯，嫩冬瓜，煮鼈裙羹』的，那就算是素封之家了，頂闊綽的亦不過是『殺雞爲黍，春韭黃粱』，那許還只是祭祖先，享上賓的場合，因爲頂闊綽的，也不能把『殺雞爲黍，春韭黃粱』當作家常便飯哩。

第二節　現時封建階級的享樂

要是那樣的一種社會，既沒有很新的生產技術，就不會引起很新的刺激，民間既只是安然於「不識不知，順帝之則」的裏面，的確，統制階級們只要大說特說着：發揚固有的文化！維持舊來的道德！差不多也是所謂『人人親其親，長其長，而天下平』了。姑無論這種口號喊出來，實際上究竟有多大的功效？還可說是稍有其立場，然在今日——二十世紀的今日，那些豪紳士大夫們的封建集團，已與從前的封建集團，其性質上相差何止十萬八千里，他們所住的不僅不是中古的茅茨土堦，且不是近古的峻宇雕牆與樓台亭閣，而是近代歐式的煖爐，電扇俱備，空氣，陽光十分充足，什麼寫字間會客間寢室浴室等等合於近代科學的建築。他們所衣，當然不是土機織的土布，且不是土機的土綢，而是什麼美國呢，法蘭呢，巴黎緞，印度綢。他們所吃的，何止是大牢和少牢，何止是狗肉和猪肉，不僅是吃的翻新，就連吃的樣式也翻新，什麼『猪排』，『

牛排』，『羊排』等等，大概還有許多什麽……等淺陋的我是不能縷舉的，因爲連夢想都不會有過。他們的交通工具，不僅勝過有一車兩馬而周游列國的孔丘，且還勝過龍車鳳輦的大皇帝，你光是說他們儀從簡單，然而坐汽車兜風的時候，至少車緣上還挺着幾個手挾盒子砲的武裝御用兵，這比孔丘的御者冉有子路那個威風些？至乘輪船火車的時候，當是大批的衞隊，不僅是明晃的刀出鞘，並是洋琴洋鼓，洋槍洋砲，只此一端，就已賽過大皇帝的什麽御前衞，錦衣衞，儀仗，鑾駕等等，而況輪船，火車，飛機，摩托，電信，德律風，無線電等等的利用，更爲以前的統制階級所夢想不到？

第三節　現代封建階級之復古

由此看來，今日的統制階級，行也歐化，住也歐化，吃也歐化，衣也歐化，獨對於統制下的下層民衆，偏偏要東方化，偏偏要主張祀孔，偏偏要發揚固有的文化，偏偏要維持舊來的道德，這究竟是何居心？假定你們這些豪紳士大夫，在物質方面或是甘居茅茨土堦，或再闊綽一點兒住點峻宇雕牆，或是樓台亭閣，你們發出的這些口號也未嘗不可，又假定你們只願吃點太牢少牢，或是狗肉豬肉，又假定你們的衣服除朝覲會見的袞冕以外，還能着土布土綢，又假定你們的巡游，陸路只是牛車騾車；水路只是帆船木排，郵遞驛馬，運輸只是貨車，那你們出這些口號，也未嘗不可，然而你們却拚命地反對東方式的物質享受，却拚命地歡迎受了科學洗禮的西方物質的享樂，這究竟是何居心？既是拚命地反對東方式的物質享受，就應該拚命地反對東方文化，既是拚命地歡迎受了科學洗禮的西方物質的享樂，就應該拚命地歡迎受了科學洗禮的西方的文化，這本是一貫的道理，猶之小頂西瓜帽必定配着紗馬褂，沒有說西瓜皮其帽，而身着大禮服或外套的，中國的封建集團眞是特別，他們一方反對東方式的物質享受，一方却又是很喜歡把傳統的東方文化套在他們統制之下的下層民衆，這眞不知是何居心？

我們卽退一百步說話，承認你們豪紳士大夫有優先權享受西方物質的享樂，承認你們統制之下的下層民衆只配吃野藿菜羹，若是你們豪紳士大夫自身能把東方文化撐持起來，換一句說，你們能將舊來的道德發而爲溫情主義，能夠對着吃野藿菜羹的老百姓少加他們一點苛稅雜捐，少藉拉夫爲名圖詐他們的買命錢，少爲顧恤那些下層民衆不值錢的狗命，這都還可以說得通一途，因爲你們雖然享受了西方新式的物質，而你們自身還是東方文化的力行者，還能把家族的溫情主義擴大，吹遍滿幅視民如子的仁風，那我們小百姓雖是野藿菜羹度日，亦頗能破涕爲笑，但是現在你們全不是這一回事，動不動就是勒銷公債或國庫劵，動不動就橫絕交通，商旅裹足，動不動就拉夫圖詐，就是野藿菜羹都要刧將去，動不動就藉淸鄉爲名，亂事搜括，動不動就尋出一點岔子，就把那些吃野藿菜羹的連狗命都不値的老百姓砍上一千或八百，都滿不在乎，藉以表示豪紳士大夫們的淫威，豪紳士大夫們呵！封建集團呵！凡此種種，已足表示你們虎狠的獸性，你們連根帶蒂已不稍留着舊來道德的殘影，你們自身已掘毀了固有的文化，你們已不配講祀崇孔子。還偏偏廣爲宣傳，還偏偏製爲定例，這是何苦來？

第四節　現代封建階級之享樂的危機

再假定民間還在，『不識不知，順帝之則』的範圍內，能夠是『阡陌交通，雞犬相聞』，經濟自足，樂業安居，再加之以重農輕商的政策，使農民不致受兩層的榨取，即農民以農產物搬到市場來的時候，不得在價值之下出賣，再農民以貨幣購進需要品的時候，不得在價值以上買進，民間若是這一種場合，那你們（豪紳士大夫）呼出的口號也還可以適用，但從帝國主義的海盜們闖關之後，那裏還什麼經濟自給？豈僅不用燧石而用火柴？豈僅不用土布而用洋布？豈僅不用土罐瓦缶，而用洋式杯盞，豈僅不用灰鹼而用洋肥皂？就連素以農業立國自命的老大中華，一批批農產物除變爲封建軍閥勒種的鴉片之外，差不多都變成了進製造廠的原料，反之本國的食糧品尚須仰給於國外，茲就最近三年來米麥及麵粉的進口，就可窺見一般。

	民國十三年	民國十四年	民國十五年
米担數	一三•一九四•一〇三	一二•六三九•四四〇	一八•五三六•五三四
米兩數	六三•二六二•一五六	六一•〇七七•一四四	八九•五一一•九四二
麥担數	五•一六七•二三四	七〇〇•二〇五	四•一五六•三七八
麥兩數	一七•七六五•六六九	二•六五五•三八五	一七•九六五•一九四
麵担數	六•六二二•七三六	二•七八二•七一八	四•二六八•〇九三
麵兩數	三〇•一一九•三八五	一四•六二八•三三四	二三•五二二•九九三
雜粉担數	七四•〇五四	一三三•〇九〇	一•三六二•八一二
雜粉兩數	三四三•〇〇五	五九九•九〇六	三•五四九•四三八
雜粉担數	八八•〇五〇	七六•一一九	六六•〇四五

雜粉兩數	四七二•五七九	四四〇•五〇八	四三九•六二一
計担數	二五•一四六•一七八	一六•三三一•五七二	二八•三八九•八六二
計兩數	一一一•九六二•七九四	七九•四五五•二七七	一三四•七九〇•二四八

我們看了以上的表，號爲農業國家的每年僅有這多食糧品進口，尤其在十五年這一年，食糧品的輸入已達一萬三千餘萬兩的巨額，這在農業國家是何等恐怖的寫眞：並且這種外來的原因還不算數，更有外來的原因，特別引起豪紳士大夫對於新式享樂的刺激，而更加『粗糠榨油』的剝削。於是失業的隊伍就越發滿山遍野，強梁的作了流氓土匪，軟弱的作了乞丐娼妓，幸運的作了武裝同志，可憐那些僅飽野藿藜羹的老百姓，他頭上業已盛着帝國主義和豪紳士大夫兩位一體的高壓，又加上那一批批地破落戶來帮同榨取他們的脂膏，老百姓何以堪此？老百姓也是同豪紳士大夫一樣，同屬有血有肉有生命的人類，在這一個場合，他還是『不識不知．順帝之則』的模樣麼？他們直接感受着痛苦，縱然

不能爲有計劃的反抗。難道連神經末梢的反應都沒有麽？然據報上所記載的，他們的舉動，並不一定是原始的，偶發的，往往除不劈祖宗木主以外，其他一切封建勢力——貪官汚吏，土豪劣紳——都認爲是他們的眼中釘，那末，農民雖說渾噩些，樸魯些，沒有豪紳士大夫受高深知識的機會，却以其直接的經驗，一步一步走上『有知有識，唯我是則』的途徑來了，豪紳士大夫們既已逼着民衆到了這一場合，依然要主張祀孔，依然要發揚固有文化，依然要維持舊來道德，而自己的心理和行爲，却離祀孔，固有文化，舊來道德等還有十萬八千里之遙，民衆非盡盲者，民衆非盡白痴，那裏會相信？而且民衆既把豪紳士大夫的深恩厚澤而由不知不識成爲有知有識了，既由被動的順帝之則而爲能動的自我出發了，又那裏有機會相信呵！

第五節　文化之簡單的解釋

時下的人動輒就說『文化』，究竟『文化』是什麽？我以爲很通俗的說來，文化的反面就是『自然』，也就是人類爲生活而應付自然的總成績。人類以下的動物不會有文化，因爲它處在大自然中是被動的，適應的，換一句說，卽環境給它以生存條件之後，它才能生存，如魚不得水則死是。人類則不然，有時雖也是適應，却是能動的，征服的，卽環境不適於他的生存之後，他仍能設法利用環境以求其生存，如寒而知取火、並藉纖維以禦體溫、暑而知納涼，並藉帳棚以防蒸溽，以後更由陸續利用以至於征服，到今日，自然的權威已完全無存，人類更能吸取自然中的各種能力，化爲人類必需的生活素和生活力，所以到今日，只是人類的世界，也就是只有人類才有文化的由來。

這裏最須注意的，顧所謂文化，決不是盲目的人們所想像的由一二天亶聰明的人所創造，乃是人類所組成的『社會』所創造，試問，我們人的衣食住行四大條件，是不是一個孤立的人辦得到？既非由孤立的人所能辦到，那末，他爲求生存而完成衣食住行，是非在社會內謀交互的分工合作不可，這個社會內交互的分工合作，就是社會的勞動關係，人人都離開不了這個關係，且必得加入這種關係。同時爲調節勞動，組織勞動起見，社會上必然又發生某種意識，某種規範，使勞動效率更爲增加，使勞動更合乎人類生活的目的，所以到此時，我們可以說，在社會內謀交互的分工合作，可叫作物質文化，由物質文化反映出來的意識和規範，可叫作精神文化。精神文化之有強制性的即成爲法律，反之雖有制裁力，却仍沒有強制性的即成爲道德，大概所謂文化，所謂道德的，它簡單的原起，大率如斯。

但是中國目前豪紳士大夫們呼喊的，所謂固有文化，究竟是物質的文化？或精神的文化？若是所指的文化是物質文化，尤其是『固有的物質文化』，那末，只好先請他們脫下紳士外套，解去西式服裝，吐出什麼「猪排」和「牛排」，毀去什麼聲光化電學應用的各種用具，各種交通，各種住宅，再以赤裸裸的類人猿的模樣，跑到森林中，跑到宕穴中去採取自然果實，去獵獲較人類微弱的動物，以完成其所謂「衣食住行」，要到了這步田地，才夠得上說「發揚固有文化」。實際這種做法，也不是什麼矯枉過正，只要是有誠意「發揚固有文化」的話。你看我們的起祖叫盤古的，他開天闢地之後，不知經了幾萬年的星霜，一直到所謂有巢，燧人，或者是我們的遠祖或高祖罷，還只在把樹皮的纖維當衣服穿，至他們吃的東西，或者還沒有今日投到垃圾桶內的殘羹冷飯的名貴，若眞是誠意要發揚固有文化，而且是固有的物質文化，那末，至少要學到我們的起祖盤古乃至遠祖高祖的有巢燧人之以樹皮的纖維當作衣服，以巢居穴居當作宮室，以劣於垃圾桶內的殘羹冷飯當作飲食才行，因爲要如此做做了列祖列宗，才不愧爲孝子賢孫，才是誠意的發揚固有文化。

說到這裏，豪紳士大夫們一定勃然大怒道：「我們所要發揚的，那裏是這種固有文化」？不錯！此刻本來也沒有什麼文化可說，照我上述的「文化的反而就是自然」這句話看來，也不能叫作文化，不過開天闢地雖說荒渺無稽些，而對於天地都加以開闢，自不能不說是偉大的文化。卽或這些荒誕無稽的文化不必做欬，而有巢燧人時代的確是能夠以樹葉爲衣服，的確是能夠以打石鑽木取火，這都是人類以外的專門爲適應或被動的動物所做不到的，又怎樣不可叫作文化？但是任憑我怎樣解釋，任憑我怎樣說那就是文化，尤其是固有的文化，或許豪紳士大夫們所要「發揚」的還不在此，或許他們還要以爲那些是「卑之無甚高論」的，若然，豪紳士大夫們並不是保守主義者，乃是極端的進化主義者，因爲那時代的樹葉衣服和鑽擊木石的取火，確實夠得上說文化，並且才夠得上說是固有的文化，而豪紳士大夫們所要發揚的若不是那些固有的文化，或者是要較高度的固有文化，卽是在某一時期發達成熟的文化，那非進化主義者而何？

然則豪紳士大夫們所要「發揚」，究竟是怎樣高度的固有文化？究竟是物質的文化或精神的文化？由他們事實上的證明，如由衣也歐化，食也歐化，行也歐化，但也歐化，一點也不東方化的看起來，他們決是說的固有的精神文化，不是固有的物質文化。但是固有的精神文化，至少也要從伏羲的「八卦」發揚起，據說八卦的效力是很大的，它能知過去未來，並且還可利用「八卦敎」把洋鬼子嚇退，其次的「河圖洛書」據說也非常緊要，因爲它是上帝垂下的法象，好叫所謂聖人們取法的，這却是「天人交通」的一個大法寶，孔子說：「唯天爲大，唯堯則之」，怕就是這個天人交通的註脚。至如殷人尙鬼，周人尙文，都是很好的文化，尤其周代是前代文化的總匯，到了周末孔子的時期，又加以分門別類地删詩定禮，贊周易，修春秋，爲過去文化的一個總結，也可說是從伏羲的八卦起以至於該時止。已發展成了高度的文化，已是某一時期發達成熟的文化，或許豪紳士大夫們所要發揚的固有文化，就是指的這一時期的文化，更由他們要祀崇孔子看來，尤可證明所要發揚的就是孔子的文化。至所謂維持舊來道德的，大概就是孔子的道德，因爲照上述的說來，精神文化雖有制裁力却無強制性的，就叫作道德，孔子再偉大些，只是一個「素」王，故不能叫作孔子的法律，只可叫作孔子的道德，玆略述孔子的文化和道德，而一探豪紳士大夫所以要「發揚」，所以要「維持」，所以要「祀孔」的意義所在。

第六節　孔子思想的背景

我們現在說起孔子，就要曉得孔子的文化和道德，不是空瀝腦質出發的，乃是時代的反映，究竟孔子的時代如何？玆引漢書貨殖傳描寫當時的情形，就可窺見一般。

「昔先王之制，自天子，公，侯，卿，大夫，至於皂隸，抱關擊柝者。其爵祿，奉養，宮室，車服，棺槨，祭祀，死生之制，各有差品，小不得僭大，賤不得踰貴，夫然，故上下序而民志定。……及周室衰，禮法墮，諸侯刻桷丹楹，大夫山節藻梲，八佾舞於庭，雍徹於堂，其流至於士庶人，莫不離制而棄本，稼穡之民少，商旅之民多，穀不足而貨有餘。」

孔子對於盛周時代的文物制度是研究有素的，他見着晚周那種所謂「世風不古，江河日下」的狀況，將越發要景仰前哲，復興「文武」，看他在夢寐中常是縈廻着周公．就可看得出他十分的傾心，他不僅傾心周公，並是祖述堯舜，憲章文武的，不過他稱述堯舜禹湯文武的，怕還只是一個擬制的陪襯，而其實踐的人物，乃在周公，因爲他常說：「周監於二代，郁郁乎文哉！吾從周」，再者文王那時還沒有「得國」，武王是「未受命」的，其一切制度文物都是成立於周公的，孔子既傾心於周時代的制度文物．當然是以周公爲中心。但是周公的制度文物如何？本來這要說起來，絕不是淺陋的我所能舉得出的，只不過就其大概說一說罷了。

周時制度文物第一個可以說的，怕就是封建制度，當然，在地段又遼濶，交通又不方便時期，封建制度却是應運而興的產物，所以據荀子儒效篇說：「周兼制天下，立七十一國，姬姓居五十三」，又左傳說：「武王兄弟之國十有五，姬姓之國四十[一]」，這眞是維繫周室八百餘年社稷的一個好韌帶，盡封子弟，盡封同姓，的確，子弟很少有違背父兄，同姓很少有違背宗室的，不能不說是周公的制度巧妙絕頂！但是同姓和子弟，固然在當時能藩屏周室，究竟爲要特別使他們同宗室和父兄的關係更加濃厚起見，自然，韌帶上還要加上韌帶，那末，周公的制度文物第二個可以說的就是宗法。

什麼叫做宗法？茲舉呂思勉編的白話本國史第一册第九十八頁關於宗法的說明，錄在下面：

「宗法社會裏最重的就是宗子，這個宗子便是代表始祖的。譬如有個人征服了一處地方，他在這地方就做了王，這便是太祖甲，他的嫡長子接續他做王的，便是大宗乙，他還有庶子次乙分封出去做諸侯，這個便是小宗，但是因爲他做了諸侯，他的子孫，也奉祀他做大，他的嫡系接續他做諸侯的喚做大宗，那末，次乙的子孫對於乙這一支，固然是小宗，對於次乙的諸子分封出去做大夫的，却是個大宗。做大夫的倘然再把自己的地方分給子弟，也是如此。這個分封出去的次乙，便是大傳所謂別子爲祖，次乙的嫡系接續下去做諸侯的，便是所謂繼別爲宗。普通所謂宗，本來是五世則遷的，這個繼別的大宗，却是百世不遷。凡是大祖的子孫，他都有收恤他的義務，這許多人也都有尊敬他的義務，那末，有了一個宗子，就把從始祖相傳下來的人，都團結而不散，而且歷久不散了」。

由此看來，盛周時代的天下，既是同姓藩屏周室，又是宗法堅强的韌帶，怎不可「卜年三十，卜世七百」？（左傳周王孫滿對楚子問鼎的話），試看「王臣公，公臣大夫，大夫臣士，士臣皂，皂臣輿，輿臣隸，隸臣僚，僚臣僕，僕臣臺」，這種梯子段的社會，各有各的身分，各有各的秩序，是何等的「名正」而「言順」（孔子最主張正名，試看答「衞君待子而爲政，子將奚先」的話，「必也正名乎」！）一方又是宗法上的「親親故尊祖，尊祖故敬宗，敬宗故收族，收族故宗廟嚴，宗廟嚴故重社稷」，這其間只要道德上是「爲人之本」的「孝弟」，並對於君父是「能竭其力」，「能致其身」，眞是世界那裏會出點岔子，且是「莫敢不來享，莫敢不來王」呵！實在的，若是王公大夫士等那些貴族的君子們都能「君君臣臣，父父子子」，而所謂皁輿隸僚僕臺的「庶人」們，「小人」們，那個敢對貴族的君子挑眼兒，不惟不敢做出色相以見怒於君父，並且不敢加以思議，所以孔子說「天下有道則庶人不議」。這種梯子段的有條不紊的社會，何等的名貴有味！糟糕！孔子却不曾躬與其盛，只是憑吊，只是唏嘘，只是神往，只是意響，只是看到的「弒父與君」，你看終春秋二百四十年中竟有弒君三十六次的，這是何等有乖於爲人之本的孝弟！既不講孝弟，必然是連帶而至的不僅是侵佔異姓甥舅之國的國土，並還要侵佔兄弟之國的國土，吞併了國土都還不算，且還「毀其宗廟」，「遷其重器」，以便斬絕他們的根基，且還「係累其子弟」以便增加他們所謂「皁隸輿僚僕臺」的庶人和小人，好叫貴族的生活享樂越發侈靡而安至，這樣做法，這還有「親親故尊祖，尊祖故敬宗，敬宗故收族，收族故宗廟嚴，宗廟嚴故社稷重」的一點殘影兒麼？所以孔子眞是憤塡胸臆，竟有乘桴浮海，與世隔絕的念頭。但是孔子決不是意志薄弱，以一投黃浦江而自了的可比，他憤世嫉俗的時候，雖在說乘桴浮海，亦不過是探投他門下士的志趣如何，畢竟子路先生這個人戇直些，公然把先生乘桴浮海的話認眞了，且大喜而特喜着，故孔子說：「由也好勇過我，無所取材」，孔子他是積極的，能動的，就不管公山不狃召他也好，佛肸召他也好，他都是想去一展他盛周時代的文化和道德的，雖說他兩人只是卿大夫以下的陪臣（好像都是魯卿大夫權臣季氏的家臣），然而能夠反抗強權，却是好的，尤其是反抗視魯君如弁髦的季氏，更可正一正名分。孔子非常關心這些名分的事，比如齊國的權臣陳成子殺了簡公，那個敢奈何他，孔子偏偏還要在一個微弱的魯國中請微弱的魯哀公出兵討賊，孔子也明明知道魯國的政權在三卿（孟孫叔孫季孫）手裏，與齊簡公同病相憐的魯哀公那裏敢開口叫與陳成子同樣的三卿出兵討陳成子，亦不過是苟存得一分所謂天地正氣，就存一分兒罷了。的確，孔子做的這一番工夫實在不少，雖說當時的周王只成爲強藩一個工具，如本是開疆拓土，却說是尊周攘夷等等，而孔子開口閉口還是「天王」，這個天王的「天」怕就是孔子大信仰，故孔子雖常在說獲罪於天，天生德於予，「天」之未喪斯文，「天」何言哉等等，他門下士最聰明的子貢都不大了解，故子貢說：「夫子之言性與天道不可得而聞」，究竟這個「天」是什怎？據我的推測，定是一個自然存在的全知全能的天。這個自然存在的全知全能的天，大概曾一躍現於盛周時代，即盛周時代的文化和道德如名分孝弟等，是極頂的，晚周之所以弄到這步田地，就是因爲離這個天太遠，然這個天之意義雖失，天之形式尙存，雖說是「告朔之餼羊」些，終歸這個體統是存在的，所以周王縱被强藩「裂冠毀冕」，畢竟還是天子，還是天王，至於與天王相近的公卿大夫士縱然就是臣弑君，子弑父，只要嚴格的整理天的這個系統，也並不是難於挽回的，總之孔子所說的天，是帶有宗敎性的，是要把封建和宗法都要建立在這個統系上面，而更幽深化，永久化的，可惜時代已去，竟被伐檀削跡於宋，見厄於陳蔡，不說於魯衞，擋駕於楚，受阻於齊，而使盛周時代的文化和道德莫由展布寸毫，究竟是「天之將喪斯文歟」，或者還有他的原故。

第七節　孔老都是開倒車的工匠

有人批評老子和孔子，說老子是消極的，破壞的，孔子是積極的，建設的，這句話是對而不對。本來老子說：

「小國寡民，使有什百之器而不用，使民重死不遠徙，雖有舟輿，無所乘之，雖有甲兵，無所陳之。使民復結繩而用之。甘其食，美其服，安其居，樂其樂，鄰國相望？鷄狗之聲相聞，民至老死不相往來」。

孔子答哀公問政：

「修身，尊賢，親親，敬大臣，體羣臣，子庶民，來百工，柔遠人，懷諸侯』。

由這兩段話對比起來，老子是消極的，破壞的，孔子是積極的，建設的，然我以為他們根本的出發點是相同，其歸着點也沒有好大的懸殊。老子孔子的時代，先後距離不遠，老子為周柱下史，當然對於盛周時代的掌故非常嫻熟，而孔子也不用說，對於盛周時代的制度也是研究有素的。大概晚周時代的臣弒君，子弒父，衆暴寡，強凌弱等種種狀況，是他們極看不慣的，究竟看不慣怎樣？老子終歸是孔子的先生，孔子只要把晚周倒推到盛周時代，以為就是提綱挈領的辦法，而老子却更進一步，要倒推到封建社會以前村落共產社會。要之他們雖是倒推的程度不同，其為倒推則一，其為復古則一，所以我說他們的出發點是相同，歸着點也沒有什麽大不同的。

歸真說來，周初的封建，他是奪的異族的土地分給自己的伯叔兄弟的，地又廣，人又稀，同姓的都有了着落，當然能親親，能敬宗，能忠孝於君父，所謂有恆產者有恆心，那個不會做一個體面人？但是老能這個樣子不變麼？一朝初封者的子孫若是繁殖起來的時候，他能不要土地？他能不要分封？既是要土地，既是要分封，却是幅員是有獨占性的，是人力不能增減的，又如何能夠供給繁殖子孫者的需要？既不能供給這個需要，那末，由這個兼併土地引起的不親親，不敬宗，不能孝弟，不是既定的事實麼？到了迫於要兼併土地的時候，他還體面得起來麼？這怕也不是一朝一夕的事實，武王克商後，兄弟分封的約有五十餘國，其他甥舅之國當亦不在少數，然入春秋時代，約略只有二十餘國了，到春秋末就只有十餘强國，稍後卽成了七雄（齊楚韓趙魏燕秦），這均是事實，似乎孔子沒有探究到何以發生這些事實？只是一味地說：「聞有國有家者不患寡而患不均，不患貧而患不安」，這如何搔得着患寡患貧的癢處！我說一個比方不大恰當些，猶之我們見着沿街要飯的，先不問問社會上怎樣會發生乞丐？只是向着乞丐說：「你須得節用！你須得不嫖賭」！這是如何懣憨而失當呵！

實在春秋時代，社會階級正是在劇變，試看左襄二十三年有「斐豹隸也，著在丹書」，要是燒掉丹書，卽可列爲齊民。左定八年有「鮑文子，齊之執政也，常爲隸於施氏」。又左昭三年有：晉貴族的「欒，郤，胥，原，狐，續，慶，伯，降在皂隸」，這均是社會階級劇變的表現。顧當時的社會階級何以這樣劇變，那不外由於土地的兼併，商業擴張的原故，商業資本它是腐蝕封建社會的敗菌，同時又是另一新社會的萌芽，試看歐洲的封建社會到現社會的，都經過了這一個階段的，中國春秋時候，差不多也有這個傾向，試看貨殖傳上說：「范蠡治產積居與時逐……三致千金」，左僖三十三有「鄭商人弦高出其貨品以紓國難」，左昭十六有「鄭商人與其國君，世有盟誓」，並且就是孔子的門下如子貢，他也「鬻財於曹魯之間」，且「結駟連騎，束帛之幣，以聘享諸侯，所至國君，無不與之分庭抗禮」，是儼然具備了學者與財團兩重資格，猶之銀行團的拉門德來中國受歡迎一樣。這均是當時的事實，似乎孔子只注意了發生的這些事實，不會注意何以發生這些事實，這也許是把時代倒推的一個通病罷。至於中國沒有走上另一新社會的，這完全又是漢代的復古政策所致，中國的商業從春秋時以至於戰國末年，不能不說有長足的進步，如呂不韋以富賈而攫取卿相，段干木以牛馬商（見淮南子）而煊耀魏君，這都是商人階級抬頭的表現，不過商人究不若大地主勢力之大，如秦已滅了六國，然到楚漢相持時，六國後又紛紛據地自立，終於把秦國滅掉了，滅掉秦國的既係大地主的勢力，而商人階級又沒有何等貢獻，自然，較大的地主即位稱帝之後，重農輕商不又是預定的政策麼？觀漢以來對於商人的種種限制，以是知封建要素的地主勢力將必優於一切工商業者，這是中國在該時未走向另一新社會的由來。

第八節　豪紳地主之復古的意義

地主勢力支持的文化，定是倒推的，其邏輯定與孔子的若合符節，唯其因此，孔子的文化和道德，更加爲支持中國幾千年來的地主勢力所歡迎，他也不管三七二十一，究竟孔子的主張在當時，有沒有幾分可能，一概都不過問，總之孔子說的「事君盡禮，人以爲諂也」，君父是一體的，孔子說的「孝弟」。一切都成了地主勢力的護身符，尤其地主勢力的御用學者們更加幫着說「君要臣死，不敢不死，父要子亡，不敢不亡」，簡直是「天王聖明，臣罪當誅」，弄得被壓迫者連大的呼吸都不敢，以便壓迫者盡量的宰制和剝削，我說一句平心話，這又是孔子所及料的麼？總之年代越遠，孔子的主義越假，孔子徒然做了統制者欺騙民衆的工具，我直爲孔子呼冤！

本來某時代發達成熟的文化，就是某一個時代應用的完結，猶之經濟學派上重商主義成熟之後，必然是個人自由主義來代替，個人自由主義成熟之後，必然是社會主義來代替，這是社會進化上已然的步驟，孔子主張盛周時代的文化和道德，已不適用於晚周，這已如上文所述，偏還由周末以至於現代的幾千年都還死守着孔子主義，即此一點，已足見中國社會停滯的一端。總之這都不管，畢竟孔子是世代馨香的，朝朝是加封的，年年是統制者致祭的，這是何等隆重的禮節。有時封爲「大成至聖」，有時封爲「文宣王」，有時封爲「萬世師表」，卽以關外獷悍兇殘著名的遊牧民族如蒙古人，滿洲人等，他們一朝做了漢人統制者時候，他很聰明的知道一種猴兒是要服一種鞭桿驅策的，他們也大大地尊起孔子來，知道孔子確是制服民衆的一個利器，果然這樣一來，倒不管蒙古或滿洲，反正爲臣是當忠，爲子是當孝的，君父縱有不是，臣子那得過問？

豈僅是蒙古滿洲的統制者！已經推倒清帝而成爲民國了，却是袁世凱豫備做大皇帝的時候，他也記得這一套，他也要祭天及祀孔，他也覺得天子與天王同孔子是有深厚淵源的，當然袁世凱不是一個傻子。可是這一來，竟爲中華民國種下了十餘年紛擾的禍根，想國人當還有深切的記憶。

現在特別要請國人鄭重注視的，這次是半殖民地的革命，不是辛亥年換朝式的排滿革命，雖說現在有些口號——「打倒帝國主義」！「掃除封建勢力」！「爲工農謀利益」！「恢復民衆運動」！也是在「外强中乾」的呼喊，畢竟這點「告朔之餼羊」我們還要「珍如拱璧」的，我認爲這還是我們無量數的飽着野藿菜羹的老百姓們一點一滴的血和肉換將出來的。不料而今竟有人索性想把一點一滴的血和肉換來的這一點告朔之餼羊都要去掉，竟有人索性想拿出蒙古滿洲袁世凱統制者那一套玩弄猴兒的手段來欺騙我們，公然喊出什麼尊孔，什麼發揚固有的文化，什麼維持舊來的道德，這些口號，他們這些口號中滿排着「朝珠補褂」，「三公九嬪」，「子女玉帛」，「苛捐雜稅」，「臣妾億萬」，「生殺與奪莫敢誰何」等等這一大套怵目驚心的東西，若不注意，若不謹防，就要來了。

實在我這所說的並不是過甚其詞，尊孔與復辟雖不是必然的邏輯，至少事實上我可找出幾個人來證明。

康有爲　尊孔　復辟

王湘綺（王闓運）尊孔復辟

王國維（清華國文教員）尊孔復辟

林琴南（古文大家）尊孔復辟

鄭孝胥（大書家）尊孔復辟

樊增祥（清遺老）尊孔復辟

吳昌碩（大畫家，去年死時還留辮）尊孔復辟

清道人（大畫家，望名思義）尊孔復辟

劉師培（漢學家）尊孔復辟

嚴　復（譯天演論都說是孔子之道）尊孔復辟

恕我不多舉了，這類的人還多着哩：總之「既有旨酒，必有嘉肴」，既想尊孔（當然與客觀的研究孔子學說者不同），必想復辟，這也不是偶然的事實，因爲孔子的文化和道德，是天子時代的產物，你若不只是研究他，還要列入祀典

尊崇他，你那種尊君親上之心，就不覺油然而生，本來早已換上民國招牌了，而意志薄弱的尊孔的先生們，猶然故宮禾黍，感物思人，思之不已而悲歎之，悲歎之不已而至自殺，如梁漱溟的父親（恕我忘記名字了）與王國維，不是很好的例證麼？但是意志薄弱的人出於感傷的自殺，倒也不大要緊，却是意志堅強的他還要硬幹，硬想把中華民國換成中華帝國，那就非同小可了。

本來這不僅是心理上的現象，而是物質生活的反映，比如湖北的將軍團和省議會，何以定要希望吳佩孚復職；前清的遺老和遺少何以定要擁立宣統？因為宣統，吳佩孚上台之後，遺老遺少都能感荷「天寵優渥，賞賚有差」，將軍團與省議員都能把持稅捐，包辦釐金，替他們着想，又怎不該擁立宣統和吳佩孚？可是有了絕對少數的他們，就沒絕對多數的我們了，所以宣統和吳佩孚終於起來不了。

現在豪紳士大夫們定要主張什麼尊孔和發揚固有文化，維持舊來道德等等，就算讓一百步說，不是復辟的，不是帝制自爲的（實際怕也未必），然那只是形式上的問題，實質上割據數省地盤之後，革命不革命？管不着許多，身邊頤指氣使的，如親戚朋友本家等等有的是，開口下氣柔聲的貪汚土劣等等，有的是，今日一百萬，明日一千萬，再明日五千萬，地方大得很，儘管刮儘管敲，有的是，所以到了這一個時期，若是有些不知趣的小百姓硬要把那些僅爲「告朔之餼羊」的口號——「打倒帝國主義」，「掃除封建勢力」，「爲工農謀利益」，「恢復民衆運動」等等認眞行使起來的時候，有的是槍，有的是刀，叫他身首異處。同時在積極方面極力要他們盡忠，極力要他們盡孝，極力要他們親上，極力要他們尊孔，使受了敲刮的小百姓都麻醉起來，而猶使他們歸本於小百姓應盡的義務，這是如何巧妙的毒計！此之謂尊孔，此之謂發揚固有文化，此之謂維持舊來道德，此之謂不具形式的復辟。

實在這些西洋鏡很多，戳穿了才不値半文錢！試看喇嘛就是喇嘛，到了北京的雍和宮之後，竟成爲扼制蒙藏的法寶，基督就是基督，一跑到產業落後的國家裏，竟成爲洋和尙混飯的工具，帝國主義者剝削的工具，孔子就是孔子，到了豪紳士大夫的腦海中竟成爲不具形式的復辟，毒辣是毒辣，巧妙是巧妙，但是在今日還能縛得住被宰制者的心靈麼？

第四章　中國史上的重農輕商

第一節　史料的搜集

中國社會果眞是一個謎麽？然我們還不必靠什麽地層的標識，宕石的記錄，即據傳說的所謂有巢，燧人，伏犧，神農等等，已就是很鮮明的進化階級，即開始棲息於自然的森林，以後或因氣候的變遷，或由自然果實的不足，遂由森林以至平原。到得平原之後，已與森林環境不同，或許利用自然爆發的火（當然這個時期還說不上能夠用燧石或鑽木的火）以威脅爪牙蹄角的猛獸，即所謂「火獵」，藉以維持人類原始的生存。不過「火獵」雖是威脅擁有爪牙蹄角的一個利器，究竟是太不經濟，因爲經一度燒盡之後，舉凡果實，鳥獸等要經過相當的期間，才能發育齊全，故不能不由狩獵變爲畜牧，大概就是所謂伏犧氏的時代。既有了畜牧，爲着畜牧的芻糧起見，就不能不有原始粗放的園藝與農業，然而人門經過幾星霜的經驗之後，覺得農業較畜牧更為經濟的，故由畜牧進到農業，大概就是所謂神農時代。這種進化的步驟，只要是同一的自然環境，都是相差無幾的。

中國由神農以前的社會，可叫作原始共產社會，由神農以至唐虞之間，可叫作氏族共產社會，由虞夏以至於周，可叫作封建社會。我何以這樣分法？每一個社會的發展，就是生產技術的進展，而生產技術的進展，即依當時的生產工具以爲斷，據呂氏春秋云：「未有蚩尤之時，民固剝林木以戰矣，」又據越絕書云：「軒轅，神農，赫胥之時，以石為兵，斷樹木為宮室，」據此看來，當時的生產工具，猶不能出乎自然的林木，石塊，乃至鳥獸的皮革以外，其生產物之僅能滿足原始的慾望，或至不能果腹可知，其生活集團之狹而且小可知，故認定該時爲原始共產社會。固然該時已達所謂畜牧時代，然該時的畜牧，却不能例作今日新疆蒙古的畜牧。因爲今日的新疆蒙古雖還滯在畜牧，雖其比鄰的進化，已超過了他們好些個世紀。但他們由交換上，模擬上還可利用較進步的生產方法。自所謂神農以至唐虞之間，當然是較畜牧進步了的，然其生產工具還只能認爲新石器時代，乃至陶器時代，赤銅器時代，據越絕書云：「黃帝之時，以玉爲兵，以伐木樹爲宮室鑿地，」這裏所謂玉的，當然就是琢磨有光的石，並不是所謂珠玉的玉，農耕上既只是石器，木器，其生產力必不大，其每一部落亦必只爲數十人乃至數百人，故史上所載「黃帝置左右大監，監於萬國，」又云「旁行天下。方制萬里，畫野分州」的話，我絕不敢相信。其生產工具既已粗笨如此，而其經濟領域，必爲這個幼稚的生產技術所限制。而不能擴張。再者黃河流域實爲中國古代的發祥地，若說黃帝以來就是所謂封建時代，然何以關於河水工程簡直沒有一點記載，眞是那些年代黃河淸了，不曾氾濫過麼？當然是該時幼稚的生產技術反映的幼稚知識，還不能及此。試看每年洪水的記錄，季候的測驗，閘提的修築，這種工程與知識本是不容易來的，該時尙不能計及到此，足徵該時代只是不相聯屬的各個部落，決說不上什麼「監於萬國」的話，而所謂什麼金天氏，高陽氏，高辛氏等都只是部落的稱號。

然則當時的氏族共產社會既屬農耕，究竟是怎樣的組織。大概就是井田制度。玆據世界經濟史比較的研究，就越發明白。攷井田是方里而井，井九百畝，其中爲公田，八家皆私百畝，這本是儒家所說的。但這一個制度的原起，却不在儒家宣傳的封建時代，而是氏族共產社會時代，這裏所謂私百畝的私，當然不是私有權的私，只是用益權的私，因爲民年到二十是受田，到六十却要歸田的。這裏所謂公田的，當然一井或數井必有組織者司分田受田的職務，司耕耘季節的職務（某時播種，某時收獲），司井內婚喪祭儀的職務，司抵禦外敵的職務（農業土著常受游牧部落的侵掠），故「選其耆老有高德的名曰父老，其有辨護伉健者爲里正」主持這類事務，這個公田大概就是他們的贍養。准此說來，我們徵引外國氏族共產社會的井田制來證明中國井田制乃是發生於封建社會之前。

（一）斯拉夫人的密爾(Mir)制度。密爾是斯拉夫人土地共有的一種名稱，凡於土地，耕地，牧場，森林，湖沼，河川等都屬於村落所有，應人口的多寡而分配田畝，至於土地的肥瘠，交通的便否，則配置均平之後，抽籤分配，人死，則其使用地歸之於密爾。而這一切的公共事務及裁判，都由村落公開會議執行。這種密爾的痕跡，迄今在南俄查杜家(Zadrnga)地方還遺留着，然到了俄國封建時代以來，蜜爾形式雖還存在，而只成爲一個榨取租稅的機關。

（二）日耳曼人的馬克制度(Mark)。馬克村落是土地共有的，每一個村落的成員，都有使用土地的權利，所以他們的村落是一個共產體(Communias)，其成員也叫作共有人(Gemeiuar)，他的成員的權利．對於抽籤地有一定期間的使用權，對於不分割地有平等的使用收益權，其義務則爲相互扶助，共同防禦．共同耕作。至司行這些職務的，則爲村落集會，(Markveraammlung)的馬克代表者（Markvorteher）與軍司令官等，這爲日耳曼的馬克制度。

類似這種的甚多，如秘魯的馬加（Marca），日本古時的「村」，都同中國古代的井田一樣，然而都是在封建社會以前的一個階段。這種變遷的經過，中國史上固無由推測，因爲毫沒有什麼記載，或許是儒家淹滅了證據的。然據德國的經濟史看來。居住萊因河，易北河兩岸的幾個氏族爲佛立正（Friesex），沙克生（Sachsen），雅列曼連（Alemanuen），秋林格（Thnriger），拜崙（Bayern），巴肯特（Bnrguder），佛蘭克（Tran Pen）等，都是行的馬克制度，然而該氏族中的佛蘭克等於併吞各氏族的土地，遂自成爲佛蘭克王國，而使馬克完全變形變質，失却原來的意義，故在佛蘭克王國的支配之下，馬克的名義縱還存在，而已成爲對封建主供給賦役的機關了。本來這種變遷，是最容易推測的，譬之井田制中有所謂父老或里正的，他們在生產力比較不發達的時代，雖然一則有最豐富的經驗（父老），一則有最精練的體力（里正），可以組織並扞衛一井乃至數井的事務，然而還屬生產的一員，迄沒有離開生產範圍的，卽未曾與實際工作分離。迨農耕法比較進步(或爲三田法，或爲燒田法)，而井內的事務當亦比較複雜，於是所謂組織者並扞衛者的父老與里正，卽不能不從實際工作脫離，而專司組織與扞衛的事務，這樣，就漸漸有了身分的萌芽或階級的雛形。父老以其最富的經驗，自爲氏內所尊崇，這或者就是後來祖先敎的起源，也許是後來義氏和氏，祝史，儒牧的先導（關於儒牧的發生，愚意以爲同西洋的僧侶一樣，不過西洋的僧侶，儼然一時還有以敎權支配政權的，卽羅馬敎皇是，而中國的儒牧，始終只作了支配者的裝飾品，究竟不知是何原故？或者是這一個原因，卽西洋的僧侶他是有經濟基礎的，如敎會的領地，敎會的什一稅是，中國的儒牧完全是寄生，此其一，再中國的支配者也特地聰明，他本身是以天子的資格，敎權政權都握在一起，故儒牧已失了一個大憑藉，再如春秋時的衞君因遭權臣甯氏的排斥，都還說「政由甯氏，祭則寡人」，可見中國的支配者特地聰明，也就是儒牧只是一個裝飾品的由來，不過儒牧階級的倫理說得很好，很合支配者的口胃，故在停滯的中國社會上，亘數千年都顯其大作用，即在今日都還尊孔弗懈，儒牧亦可不朽，亦可算是無冠的帝王！），至里正差不多就是軍事司令官，平時還不大顯其作用，一遇着對外戰爭（或是爭着土地，或是抵禦游牧部落），其權力就會擴大無限，平時都是平等的成員，戰時得都以軍法部署，這種權力或者用之於戰時的，到平時都還久假不歸，里正的權力於是日益擴大，尤其里正開始本是一井或數井選舉的，久之則以其該家屬受有特別的訓練而致成為世襲，遂致大事併吞各家土地，使平等的成員都為其家屬，使公有的土地都為其私有，遂是形成了封建的局勢。

如果這種的推論不錯，那我們就可推定虞夏是氏族共產社會的終局，是封建社會的開始，茲更舉出數種證據，以證明這說是比較合理的。據越絕書云：「禹穴之時，以銅為兵，開鑿伊闕，通龍門，決江導河，東注於東海，天下通平，治爲宮室，」據此看來，虞夏時期已能廣用銅器，這自較前的新石器時代自爲進步，因有這個進步，故其經濟領域與政治領域才比較擴大，才能說得上河水工程，也才可感覺得有河水工程之必要，只此，才可說得上從虞夏才具封建社會的雛形。尤其這時期較前不同的，天子的寶座，就老實不客氣地傳給他的兒子（禹傳啓），這才是封建社會的觀念，若說黃帝以來，就有了所謂封建社會的，那以前的譜帖，何以記載不清？既是封建社會，則個人本位的思想與英雄觀念必十分充足，何以還有堯舜揖讓的這段事？我不信相什麽堯德如天，舜德如地的誣說。若說堯舜時代果眞就是封建社會，那必就是舜篡的堯的位，堯決不會好好地就把天下傳給他。我想舜既稱爲都君的，亦必爲該時代的部落酋長，篡了堯位之後，或者後來也沒有好結果，如史載舜葬於蒼梧之野，想卽他後來謫遷的區處（蒼梧在如今湘粵邊界），以當時的交通，他怎會死到那些區處？）或者就是夏禹將他竄逐的。並且史上又明載堯都蒲坂，舜都平陽，禹都安邑，若都是揖讓相承，爲什麽其都城都各不一致？總之如要比較徵信的，封建社會自當以夏朝爲起點。而所謂夏禹的，想必就是從來「里正」的擴大。

第二節　封建社會的開始

據上所述看來，由夏以來，才看到有明白的直屬皇統繼承，才看到有廣大的河水工事，這才正是日耳曼人的佛蘭克王國一樣，這才可以說是封建社會的開始，可是說到這裏，就是證明井田中平等的父老與里正，已經同井內的成員有了身分和階級的區別了，已經不是「出入相友，守望相助，疾病相扶持」的原來井的性質，而是成爲納貢賦於封建的機關了。如分九州，列各種貢賦的名目，已不是井內相互的義務，而是由井內平等的成員變爲由人民對於支配的義務了，可見封建社會一開始，就已失却了井田原有的意義。不過在夏代雖是稱爲封建社會，而亦只是封建社會的萌芽，就是說搾取的程度還不甚厲害，因爲生產力不甚發展，交換亦必沒有什麽大發展，既是交換沒有發展，則支配者過度的榨取必爲無意義，卽無由得着豐厚享樂的原故，如禹貢關於畿內的五百里，有「納總」的（連禾藁在內，有「納銍」的（禾穗），有「納結的（稻草），有納「粟」的（粉米），有納米的。其次關於五百里以外的有林產如箘簵，楛，菁茅等，有礦產如五色土，鹽，瑤琨，金三品（金銀銅等），有水產如蠙珠，魚等，有狩獵物如熊羆狐狸等，有婦工如玄纖縞，織文等，總之這都屬原始產業的產物，或直接採之於自然，或製之於家內，想當時如歐洲中世紀的同業組合的這類組織，都還沒有發生。由夏以至殷代，並殷代末期，雖亦歷時千餘年，依然沒有很大的進步，或許是亘殷朝全代，黃河常是氾濫的原故，試看殷代的都城，都爲避水遷移了許多次，至於民間受水患的侵擾，更是不堪言狀了，卽據殷墟所發見的看來，當時的器物如彝，尊，壺，斝，卣，卣，敦，鼎，俎，皿等等，概屬於陶器，骨器，石器，玉器，木器，銅器。生產技術亦沒有什麼進展，故終殷之世，大概封建主與領民的關係，亦猶之夏代一樣。

然入周代以來，情形就大不相同了，卽生產力亦已有了較高度的發達，而封建主榨取領民的程度亦隨之加增，大概周代以來，就已由銅器進到鐵器，農作上或許不僅利用獸力，還可以堅銳的鐵能夠深耕，卽其他工藝亦必有相當的發展，據越絕書云：「當此之時，作鐵兵威服三軍，天下聞之，莫敢不服，此亦鐵兵之神，」又江淹云：「古者以銅爲兵，春秋迄於戰國，戰國迄於秦時，攻爭紛戰，兵革互興，銅既不克給，故以鐵足之，」由此看來，周代既已能用鐵器，則影響於物質的生產亦必至重且大，所以工藝也就繁興，而同業組合亦至爲發達，如王制上說：

「有圭璧金璋，不粥於市，命服命車，不粥於市，宗廟之器，不粥於市，犧牲不粥於市，布帛精粗不中數，幅廣狹不中量，不粥於市，姦色亂正色，不粥於市，錦文珠玉成器，不粥於市，五穀不時，果實不熟，不粥於市，木不中伐，不粥於市，禽獸魚鱉不中殺，不粥於市。」

據上所述看來，有的雖屬祭品，名器，是爲維持封建體系的尊嚴的，而有的則屬各種工藝品的規定，這儼如歐洲中世紀的同業組合差不多，然而因此，封建主對於領民的榨取，也特別地厲害，卽據儒牧宣傳的周禮說來，有所謂九職任萬民，則爲三農，園圃，藪牧，百工，商賈，嬪婦，臣妾，閒民等。有所謂九賦斂財賄，則爲邦中之賦，四郊之賦，邦殿之賦，家削之賦，邦縣之賦，邦都之賦，關市之賦，山澤之賦，弊餘之賦等。有所謂九貢致邦國之用，則爲祀貢，嬪貢，器貢，幣貢，材貢，貨貢，服貢，斿貢，牧貢等。這種繁瑣的剝削，就儼如歐洲封建時代的(一)貢租(Abgabe)，(二)賦役(Trondienest)，(三)不規則的賦課，地主任意徵發的，(四)地主特權的束縛，如准許的手工業，則徵發手工業物之一部，准許牧畜，漁獵，採伐森林的，也是徵收其一部。(五)要服從地主的裁判權，並其裁判官要獻納貢稅，(七 鷄卵稅，(Eregeld)，蜜蜂稅 (Bi-menzins) 風車稅 (Windmhlenzns)，尤其無人道的還有所謂新婚初夜權(Tus Primae Noctis)，這同周的封建時代之對於領民，雖有樣式的不同，或程度的差異，總之到了這一個時期，歐洲的蜜爾，馬克等共產村落，早經變形變質，而在中國的井田，還不是一樣的變形變質？所以據我的推定，井田當是起源於神農以後，至夏殷則井田的內容與性質早經變異，至周代就已完全的變爲一個榨取機關，卽內容與性質完全喪失，而儒家的宣傳，想只在憧憬古代的遺意了。

顧歐洲由封建制度而至統一的中央集權，卽極端的君主專制，這個中間的變遷，是經由某種程式？茲將其重要的略舉數種於下：

(一)封建制度是領主有很大的土地，隸屬很多農奴，但生產力發展的結果，必至發生自由的都市，逐漸排斥領主而獨立，同時封建莊園內的許多手工業者亦必乘間突出隸屬的農奴，而逃入自由都市，因此，都市比封建的莊園，經濟上比較立於進步的地位。尤其使封建制度受影響的，封建莊園的基礎，本是自足經濟。一旦與都市的商品經濟相接觸，從來在隸屬關係之下的勞動，一定不堪商品生產的競爭。

(二)貨幣經濟勃興的結果，領主與農奴的貢租和賦役的關係，則變爲金錢的關係。唯其因貨幣經濟的勃興，故領主的軍費，奢侈貨等的慾望，無一非金錢莫辦，然而通同都是要出在農奴的，故富裕的農奴，則以金錢緩和他許多苛酷的義務，其他則逃走一空，顧封建主若失掉農奴，就是封建主失其所以存在的地方，自必要對逃走的農奴加以補充，然其待遇農奴則已緩和了許多，其形式則有如今日的地主與佃戶，故在這一個期間已使領主對農奴的關係，本質上起了變化。

(三)領主因商品經濟提高了他們的慾望，自然對農奴的壓迫愈厲害，然農奴往往團結起來對抗領主，經濟史上所稱爲農民戰爭的實勃發於各國，如千四百九十三年，千五百十四年，千五百二十五年，德國的農民戰爭，千三百八十年乃至八十一年，英國的農民暴動，千三百五十八年，法國的農民暴動，其結果，大半皆是封建貴族勢力失墜的事件。

（四）都市繁盛的結果，商人階級因商業範圍的擴大，愈加成爲經濟上的勇者，他們即不能直接掌握政權，至少能支配着掌握政權的，以便適應他們商業上的發展，故在歐洲商人階級抬頭的結果，都幫着國王削平其他形同自立的領主，而將政權歸之一尊，因此於一千四百九十二年發見新大陸，千四百八十六年發見喜望峯，千四百九十八年，迴航非洲而發見東印度的航路，而商業的重心，也就由地中海遷向大西洋，始而西班牙，葡萄牙平分東西兩半球，繼而荷蘭，英，法等的商業資本也後先在世界稱雄，而有所謂重商主義，而有所謂商業殖民政策，這眞表示了初期資本主義的曙光。

據上所述看來，商業資本一方就是腐蝕封建社會的敗菌，一方却是工業資本主義的清道夫，它眞是由封建社會到現代資本主義社會一個不可少的過渡。

顧商業資本在歐洲新舊交替的社會中起了歷史的重大作用，在中國若何？茲試檢討一下。

第三節　商品經濟的抬頭

說到商品經濟，自必是交換盛行，但是當時交換的媒介為何？夏殷以至周初，還說不上什麼商品經濟，自也說不上什麼交換，縱有，其交換的媒介亦只是貝貨，這徵之殷墟上發掘的東西與周代的銅器文字，貝貨亦曾通行於殷代以至西周，然而到了周末以至戰國，却有了金屬貨幣出現，即所謂「錢」。考錢為農具，即鐵鏟，以剗地除草者，詩經上有「庤乃錢鎛」這句話，據農政全書，錢的圖形如左，這就是錢的農具為一般人所利用，既而則以之為交換的媒介，久之變為一般的等價。戍為一般的等價之後，錢的樣式又一變，終則變為有孔的錢。這種錢幣開始於周之中葉（因為錢的農具是鐵質的，周時才有。）盛行於周末及戰國，貨幣既盡了交換的重要任務，而交換之發達亦必可知，故在當時如

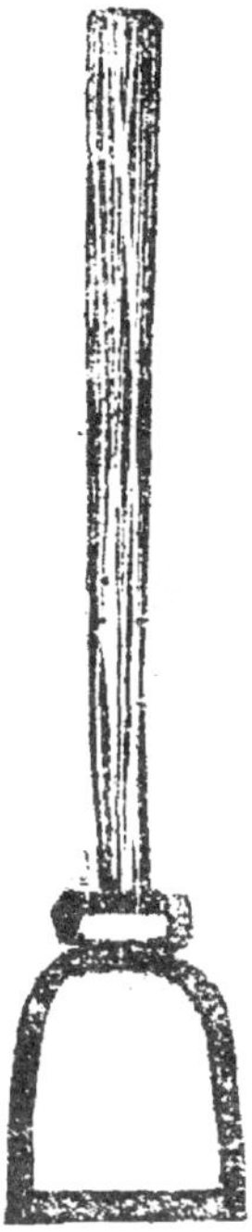
錢圖（農器以鏟地除草者

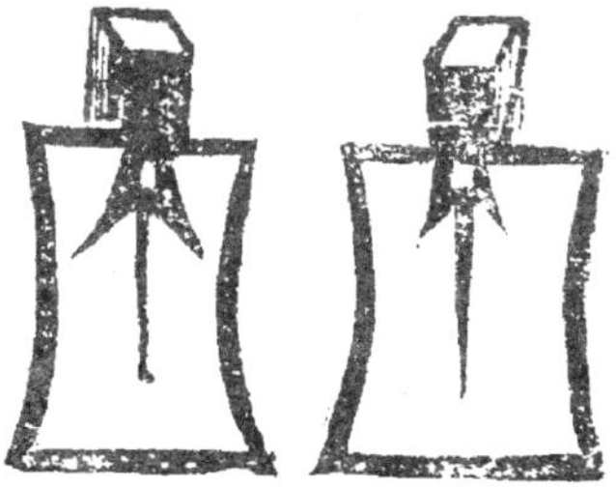
錢幣圖（形如鏟）

洛陽，邯鄲，定陶，燕，臨淄，南陽，壽春等都爲很繁盛的都市，就中尤以邯鄲，定陶爲最繁盛。當時商業的狀況，如齊國通貨獲財，富甲天下，衛文公通商惠工，國用充裕，晉文公寬農通商，遂成霸業，越用計然，范蠡的策劃，講求商業，遂吞强吳，並且當時商業的環境，即號爲「重本逐末」的儒家，亦不免爲之轉移，如子貢貨殖之後「結駟連騎，束帛三幣，以聘享諸侯，所至國君，無不與之分庭抗禮，」這一個時期，誠有如太史公所說：

「昔先王之制，自天子公侯卿大夫至於皂隸，抱關擊柝者，其爵祿奉養，宮室車服棺槨祭祀死生之制，各有差品，小不得僭大，賤不得踰貴，夫然故上下序而民志定，……及周室衰，禮樂墮，諸侯刻桷丹楹，大夫山節藻梲，八佾舞於庭，雍徹於堂，其流至於士庶人，莫不離制而棄本，稼穡之民少，商旅之民多，穀不足而貨有餘。」

降至戰國，自必商品經濟更占重要，商人階級更顯出色，如猗頓以販鹽起家，郭縱以鐵冶爲業與王者賭富，至魏之白圭，更以商人而兼爲政治家，魏文公且不惜以國家而拜倒於牛馬商人所謂駔的段干木門下（據淮南子段干木是一個駔商，然儒家則認段干木是一個賢者）更足見當時的趨勢。商業資本是土地資本的勁敵，是封建社會腐爛的敗菌，這在歐洲經濟上看得很明白，究竟它的作用於當時的中國社會何如？

固然，我們看到一方，封建領主因爲人民多逐本就末（棄農趨商），而流入於都市，就越發提高奢侈的慾望，越發加重對人民的剝削，越發要引起土地的兼併，以便增加剝削的對象，如入春秋初年，見於經傳的凡有一百餘國，然入春秋末年，就只有十餘國，入戰國，就只有所謂七雄了，這種兼併的背景，或者就是商品經濟對於封建社會的腐化作用。一方又因商品經濟以至土地兼併的影響，從來的身分或階級都被打破，如「欒郤胥原」等爲晉望族，卒致降爲皂隸，斐豹焚燬了丹書的隸藉，就可名列仕版。因之當時的思想上也呈一大解放，眞是諸子百家，齊放異彩，直有如歐洲的文藝復興時期。雖然該時的學說依然未能全擺脫封建的倫理（如荀卿孟柯等），依然馳驅於四公子的門下講究其所謂個人的功利主義（如縱橫策士等），依然感憤當時的環境，只有過去美妙的回憶（如莊周列禦寇等），然而比之前期的思想專制，排斥異端的簡直有霄壤的分別。（孔丘作了魯國的幾天司寇官，七日便殺了一個亂政大夫少正卯，其罪名是：（一）其居處足以撮徒成黨（二）其談說足以飾袤惑衆，（三）其强禦足以反是獨立，這三件罪名譯成今文便是「聚衆結社，皷吹邪說，淆亂是非」，可見戰國以前思想的專制之一般。）

這種商品經濟的影響，果然使社會起了劇烈的變化，那末，由七雄而統一於秦的時候，照歐洲經濟史看來，至少也應該是適應於商人階級政治，至少，雖不能像歐洲的商業資本開闢新大陸，迴航好望角，演一番商業殖民的事業，然而商業資本至秦時應該有了相當的偉大，由秦至漢以至於漢後，至少也應該是中國產業革命的時期，然而事實上却不盡然，秦漢以來，不惟商業資本沒有長足的發展，且還現停頓的趨勢，這在中國史上不能不說是一個難解的謎。

可是我們仔細推敲起來，這種謎是不難解釋的，周末以至於戰國，商品經濟有了相當的發展固是事實，腐化封建社會，也是事實，然而商品經濟只是相當的發展，只是盡了腐化封建社會的責任，却是當時的都市如邯鄲，定陶等從沒有像歐洲的自由都市能對抗領主的這回事。他們既不能對抗領主，自必是商人階級雖有相當的勢力，還無絕對的勢力，就是說商業資本還未能完全勝過土地資本（封建階級），因此，周末以至戰國，商業資本雖說是擾亂了當時封建社會的秩序，却還沒有力量來代替封建社會，而走上另一個階段。抑商業資本在社會的進化上有兩個趨向，商業資本若是由包攬家庭的手工業，進而至於商業資本自身能將家庭手工業變爲工場手工業之後，是進步的，反之商業資本專事生產者和消費者中間的敲吸，而自身却於生產行程上沒有什麼建議或改良，那就是退步的，因爲它完全只盡了一方面的腐蝕作用（猶之今日的買辦階級），所以是退步的，這在歐洲確有這樣的實例，如在中世紀稱雄的威尼士，琴諾牙等地中海各處的都市與德國的漢薩同盟，都逐漸衰微是，或者中國該時的商業資本，完全只是盡腐蝕作用的資本。

我們由這樣地觀察周末以至戰國，社會秩序的紛擾，土地資本的兼併，都認爲是商業資本腐蝕的影響，然亦只是腐蝕的影響，却不能說是當時的商業資本就有支配社會一切的力，如果眞這樣說，那末，秦之能統一六國，必定是秦之商業資本强大於六國的商業資本，才是合理的事實，然而却不盡然。

第四節　豪紳地主政權的推移

秦國與其說是商業資本的國家，勿甯說是土地資本的國家，我們說起秦國來，必定連帶想起商鞅，顧商鞅就是中國第一個重農輕商的，試看商鞅執政的時候，他說：「大小戮力，致粟帛多者，免除其身役（力役之征），事末利（商人）及怠而貧者，舉以爲收孥（收其妻女，沒爲奴隸），」又秦始皇本紀說：「上農除末，黔首是富，」這就是貴農賤商的意義．又李斯說：「今天下已定，法令出一，百姓當家，則力農工，」僅說到農工而不及商，又秦代往往「發諸嘗逋亡人，贅壻，賈人，略取陸梁地（今嶺南地），」這直把商人與逋亡的罪人同一看待，可見秦代的商業資本還敵不過土地資本。顧秦國何以有這樣重農賤商的政策？我們就其經濟背景看來，他這種政策是不錯的，據通典食貨，田制上說來：「秦孝公用商鞅，制轅田，開阡陌，鞅以三晉地狹人貧，秦地廣人寡，故草不盡墾，地利不盡出，於是誘三晉之人，利其田宅，復三代，無知兵事，而務本於內。能使秦人應敵於外，……任其所耕，不限多少，數年之間，國富兵强。」由此看來，秦國本是「地廣人寡，草不盡墾，地利不盡出，」若猶爲重商輕農的政策，那就不啻爲自己掘墓道，那裏有這種事？

秦國既是重農賤商，他本國的商業資本沒有什麼發展可知，因之其商人階級也沒有擡頭可知，然則秦國怎樣統一六國的？這正是因爲中原有了退步的商業資本盡其腐蝕的作用，秦國才能乘其敝。本來秦國逼處西陲，較中原開化較遲，他本國的貴族階級還沒有很大的勢力，觀之他國內多用客卿是其明證，故以精銳的民族，又加之他地理的環境出函谷關攻山東，出武關攻南陽，襄漢，都是上流之勢，而當暮氣沉沉，爲商業資本所腐蝕的國度，自然是摧枯拉朽，勢如破竹，於是秦朝竟統一六國，竟打破了舊時的封建局面。

說到這裏，不能不說又是中國史上一個難解的謎，何以？即中國社會史上從秦代已把封建變爲郡縣，此後中國社會應走入非封建社會的階級，才是合理的。換一句說，此後社會的重心，應由地主階級過渡到別一階級。然而秦代統一中國，廢藩置縣之後，以爲可由一世以至萬世，不料很短的期間竟遭瓦解，雖然很乖覺的秦始皇也曾注意到把天下的豪傑（豪傑到底是那一階級，秦始皇必很清楚，）遷移了十二萬戶到京城咸陽，但是起而亡秦的仍屬豪傑，試看秦二世的時候，則有：楚王陳勝，趙王歇，魏王公子咎，燕王韓廣，齊王田儋，沛公劉邦，會計守項梁，這些豪傑們千眞萬確的怕都是地主階級罷。

劉邦做了皇帝之後，雖然聽了張良的勸阻，未曾再封六國的後裔，然對於異姓的則有：齊王韓信，梁王彭越，淮南王英布，趙王張敖，燕王盧綰，同姓的則有荆王賈，楚元王交，吳王濞，齊悼惠王肥，代王恆，趙隱王如意，淮南厲王長，梁王恢，淮陽王友，燕靈王建，這是不是封建社會的復古？社會的重心是不是地主階級？豈僅漢代如是，我們到西晋代不又有所謂同姓的「八王」麼？即齊王冏，成都王穎，河間王顒，趙王倫，汝南王亮，長沙王義，楚王瑋，東海王越是。茲為證明中國社會史上究竟是某一階級占社會的重心起見，將更錄出數段關於每代興亡交替的中間之活躍的人物於下：

隋唐交替的期間，則有：

竇建德據樂壽，李密據洛口，徐圓朗據魯郡，劉武周據馬邑，梁師都據朔方，薛舉據天水，李軌據武威，蕭銑據江陵，林士弘據鄱陽，朱粲據南陽，杜伏威據歷陽，李子通據海陵，陳稜據江都，沈法興據毗陵。

唐代的藩鎮，也就是封建，如天寶十大鎮即安西節度，北庭節度，河西節度，朔方節度，河東節度，范陽節度，平盧節度，隴右節度，劍南節度，嶺南節度，終之薛嵩據相衞，李寶臣據恆趙，田承嗣，李懷仙據范陽，李正已據淄青，楊行密據淮南，錢鏐據兩浙，馬殷據湖南，王審知據福建，劉巖據嶺南，王建據劍南，李克用據河東，而唐遂以亡。

宋代雖然罷置了武人的兵柄，恐遘及趙氏江山，雖然昌明了儒牧的理學，以維持所謂封建的倫理，然終爲游牧的野蠻部落所征服。元末都借滅胡興漢爲名，又是許多豪傑們起兵自據，如劉福通起兵於安豐，蕭縣李二起兵於徐州，徐壽輝起兵於蘄州，張士誠起兵於高郵，郭子興起兵於濠州，朱元璋自立於集慶。

明太祖有鑑於宋廢藩鎮，致爲胡元所乘，於是大封其子弟，如秦王樉王西安，楚王楨王武昌，甯王權王大甯，魯王檀王兗州，瀋王模王路州，代王桂王大同，郢王棟王安陸，慶王㮵王寧夏　周王橚王開封，燕王隶王北平，潭王梓王長沙，韓王松王開原，湘王柏王荊州，唐王桱王南陽，遼王植王廣甯，岷王楩王岷州，齊王桐王太原，齊王榑王青州，谷王橞王宣州，蜀王椿王成都，肅王楧王甘州，伊王㰘王洛陽，趙王杞（未之國），安王楹王平凉，靜江王王桂林。然而一遭着必然的末運，仍不免爲遊牧的滿族所滅。

清廷以關外的精銳，入主中華，然仍不能不賴各省的總督，「分治合作」，嗣因列強資本主義從海外襲來，致清廷起了財政上的恐慌，因之內不能制家奴，外不能敵強鄰，遂有辛亥之役。但辛亥年間，以排滿革命而獨立的亦實繁有徒，這屬中國最近史，或者還有人能記及，玆特錄出，以便檢閱他們究竟是屬於某階級的。

長沙九月初一獨立　民軍都督譚延闓

九江九月初二獨立　馬毓寶

南昌九月初十獨立　吳介璋

西安九月初四獨立　張鳳翽

雲南九月初八獨立　蔡　鍔

上海九月十三獨立　陳其美

蘇州九月十四獨立　程德全
太原九月初九獨立　閻錫山
杭州九月十四獨立　湯壽潛
安慶九月十八獨立　朱家寶—孫毓筠
福建九月十八獨立　孫道仁
廣西九月十六獨立　沈秉堃
山東九月念三獨立　孫寶琦
成都十月初七獨立　蒲殿俊—尹昌衡
廣東九月十九獨立　張鳴岐

總之自秦以來數至現代，儘管換了許多朝，儘管是開亘古所謂民主國的創局，其間起伏盛衰，迭爲雄長的，我們始終都尋不出商人階級的影兒，即從民國初元間看來，所謂民主國政黨的共和黨，不是淸一色的大地主階級與官僚麼？顧中國幾千年來的政權推移，一定要落在大地主階級之手，換一句說，演去演來，總脫不掉封建社會的局面，這究竟是什麽原故？簡單說來就是因爲產業沒有發達。產業不發達，影響於交通上亦必至大，以中國這樣遼闊的幅員，要施行極端的中央集權．至爲困難，故在事實不能不演成封建的局面，郎因爲交通不發達，各地方必然有所謂「土皇帝」出現，上文在各朝代更替中列舉的許多活動分子，怕很少有不是土皇帝的。說到這裏，我們要問何以不能發達產業？這大概是(一)由於中國的自然環境，如中國多爲東西行的山脈，梗塞南北的交通，西向遇着葱嶺的堵閉，此外又是很短的海岸線，(二)由於西北接觸的，都是野蠻的游牧部落，直同肉食獸呑噬反芻獸一樣，也侵擾了中國數千年，有時割據一方，有時則入主中華，差不多同日耳曼人侵入羅馬一樣，使歐洲成爲黑暗社會者千餘年，這一點影響於中國的進化至大，(三)政治的，旣是地主階級相互的掌握中國政權，我們替他想想，他將是什麽政策維持他的政權，他必然是重農尊孔。他何以要重農？因爲農人多受制於自然環境（季候，節令），而且是行有機的生產，出門是祖宗的墳墓環繞着，入門是家神的木主對立着，雌伏於家園，固着於土地，風醇俗茂，至易駕馭。他何以要尊孔？因爲孔子是封建盛世的思想結晶（孔子雖生在晚周，而其思想的路徑，是祖述堯舜，憲章文武的，總之不是把時代搬向前，是把時代搬向後的），並且許多都是擬制的，身分的倫理（名正言順）極爲注重，爲臣當忠，爲子當孝，既爲忠孝，必不「犯上作亂」。有了這幾種的原因，恰恰是一個封建社會的畫圖，恰恰是一個產業落後的國家，顧這些支配者的地主階級們，他們之重農的意義，是否眞實有「宣聰明，作元后，元后作民父母」的懷抱，或是只想拿出這一塊招牌，藉以愚弄黔黎，我以爲這都是不成問題的，一個大的地主階級所謂「登大寶」的時候，至多的德政也只能豁免租稅，省重刑罰，决定沒有什麽積極的方案，這在中國史上是屢見不一見的，然而爲要維持唯一支配者的權威，軍費是少不了的，力役也是少不了的，顧軍費除了剝削農民外，外債是無從擧借的，至要力役也不用說，正是農民唯一的義務，可是農民一方疲於供億，一方又將生產的勞動（農耕）變爲不生產的勞動，勢必演成「老弱塡溝壑，壯者散四方」的趨勢，然因此，就未免觸動其他野心家的大地主了。他將說「一夫不獲，時予之辜」，「一民溺，由已溺，一民饑，由已饑」的話頭，藉以號召散而之四方的失地的農民，以爲攫取權利的工具，果然戰爭擾攘，數年不息的結果，於是勝敗之局以成，於是「成王敗寇」之勢以立，於是屍遍河渠，血滿原野，人口因戰爭而減少，耕地因戰爭而加多，於是人口與食物得其暫時的均衡，而稱爲「天下一治」，可是新主登極不久，必然又演從來的政策，旣演從來的政策，必然又是從來的結果，這大概就是中國史上所謂治亂相循的機構，也就是地主階級歷來把持政權的由來。

第五節　商人階級的壓抑

我們在上面既述了封建主重農尊孔的由來，那末，他另一方面必是賤商輕工無疑。他何以要賤商輕工？乖覺的封建主他既知道重農尊孔是維持封建社會的一個好工具，他必然又知道工商是腐蝕封建社會的敗菌，故他非抑商不可。本來商人的環境，不是祖宗的墳墓，家神的木主所能限制的，他是懋遷有無，江湖遍走，他的經歷廣大，他的胸襟因之開拓，迥非渾樸的農民可比，若屆封建時代而有了佔勢力的商人階級，就是封建社會的危機，因爲商人階級沒有農民好駕馭的原故，因之歷代封建主的抑商政策，都如同一轍。

秦代賤商，從商鞅就已開始，已如上述，漢高祖既定天下，「令賈人不得衣絲乘車，又重租稅以困辱之」，並且禁止他們爲官吏，又不給他們田產（禁毋得爲吏與名田），農民，只出賦錢一算，惟商人與奴隸則出倍算，其賤視商人爲何如？玆更引賈誼的說，就越發明白。

「一夫不耕，或受其飢，一女不織，或受其寒，生之有時而用之無度，則物力必屈。古之治天下，至纖至悉，故其畜積足恃。今背本（農）而趨末（商）者甚衆，淫俗之侈，日月以長，天下財產何得不蹶？卽不幸有方二三千里之旱，國胡以相恤？卒然邊境有急，數十百萬之衆，國胡以餽之？……今毆民而歸之農，皆著於本，使天下各食其力，末技（工業者）遊食之民，轉而緣南畝，則蓄積足而人樂其所矣。」

據上所述，漢之重農輕商，至爲明白，當然也不是說漢代沒有商人階級，然而若與大地主比來，則覺瞠乎其後，試看貨殖傳說：

「陸地牧馬二百蹄，牛蹄角千，千足羊，千足彘，水居千石魚陂，山居千章之材，安邑千樹棗，燕秦千樹栗，蜀漢江陵千樹橘，淮北常山以南河濟之間千樹荻，陳夏千畝漆，齊魯千畝桑麻，渭川千畝竹，及名國萬家之城，帶郭千畝，畝鍾之田，若千畝巵茜，千畝薑韭，此其人皆與千戶侯等」

可見大地主的勢力高於商人階級的勢力，旣屬這種趨勢，故在東漢時代，桓譚請限制商人不得兼營二業及爲官吏，西晉則爲政府「欲使力農，故重征商稅」，殆由東晉以至於梁陳，凡買賣奴婢牛馬田宅立有文券者，價值一萬，賣者納稅三百，買者一百，無文券者，値百稅四，名爲散估，此殆卽寓征於禁的意義。隋高祖開皇十六年，禁工商不得仕進，唐高祖定工商雜類不得與於仕伍，唐肅宗遣鄭叔淸等括江淮蜀漢富商之財，十收其二，謂之「率貸」，五代戰爭，沒有甯日，然商人更因當時的鐵法，鹽法，麴法，倍遭打擊。宋代爲理學最盛的國家，自然更是重本賤末，故自熙甯十年的前後，簡直是商旅裹足。因爲担負微物貿易於村落的，都指爲漏稅，科以重罪的原故。元代商稅的征收，是名爲三分取一制，究竟是何比例，其詳不得而知。總之屬於苛征商人無疑。明代頒布的賤商之令，據農政全書所載，「太祖加意重本折末，令農民之家，許穿紬紗絹布，商賈之家，只許穿布，農民之家，但有一人爲商賈者，亦不許穿紬紗，」十八年又諭戶部以「業本必先於黜末，」又謂「足食在於禁末，」可見明代的賤商是何等的厲害。清初入主中原，商人階級更其倒楣，有所謂賦外之賦，差外之差，關外之關，稅外之稅，如揚關淮關之外，邵伯又加攔阻，既有滸墅關，復於無錫設老人關，此卽關外的關，揚關滸墅關正數一倍，納至四五倍，此卽稅外的稅，這還屬淸康熙時代的抑商政策，以後當更其變本加厲，迨國際資本主義闖進關內之後，工商業更危如累卵，更有自然沒落的趨勢。

總之由秦漢以來以至現在，都是地主階級迭掌政權，這由上述的事實可以證明，既是地主階級掌握政權，他必然是重農輕商，這殆如因果律似的。當然不是說由秦漢以來，就沒有商人階級存在，是說商人階級對於大地主立在隸屬地位的，再由政治上的反證，我們也可明白，如果秦漢以來占社會重心的屬於商人階級，其政治上必然是適應於商人階級無疑，然據上述看來，每代都是輕商賤商，每代都是重農尊孔，而謂商人階級占社會重心的，豈有這種矛盾現象？

第五章　中國史上的地主豪紳

第一節　地主豪紳占社會中心的史實

一個革命是不是有時代性？果眞是所謂「豪傑亡秦」的時候，又那個不說項羽，劉邦等是時代的領導？果眞有一「務巡遊」和「事四夷」的隨煬帝，又那個不說李密，李世民等是時代的領導者？果眞是中原鼎沸的五代殘局，又那個人不說趙匡胤等是時代的領導者？果眞是縱慾斂財，並不准漢人帶兵器，並沒收漢人牛馬的元順帝，又那個不說陳友諒，朱元璋等是時代的領導者？

爲要明瞭何以該時代的領導概屬這些人起見，中國史上還得檢察一番。按辨證法的術語說來，有所謂固定的均衡，積極的能動的均衡，消極的被動的均衡。固定的均衡，就是社會組織與環境的關係，沒有什麼大的變動，換一句說，即社會每年生產物的全部，不歸之於擴充生產，而爲全部消費的時候，那末，社會就呈現一種靜止的狀態。積極的能動的均衡，即社會組織與環境的關係，是變動的，是不再回演同一關係的，即社會每年生產物的全部，並不盡行消費，還抽出一部爲擴張再生產之用，那末，社會就呈現進展的狀態。消極的被動的均衡，社會組織與環境的關係，雖也有變動，却是負號的變動，卽社會每年的生產物，不僅不能抽出一部爲擴張再生產之用，並不能供給社會全體的營養，那末，社會就呈現毀滅的狀態。

由上述三種均衡中，古代滅亡的希臘，羅馬，近日的印第安人，哀斯基摩人是屬於後一種，歐美產業先進的國家是屬於第二種，亞洲古國如印度，中華等或是屬於前一種，本來所謂固定的均衡，好像只屬於理論上的演繹，事實上一個社會也似乎不能有數千年長期的停頓，可是檢查中國社會史，至少也有這種傾向，看呵！中國的鐵工，還是使用數千年前的風爐，中國的木工，還有使用數千年前木柄的斧鑿，中國的農工，還是使用數千年前的耒耜、犁、和連枷，其他旱乾水溢，都一一委之於自然，不怪我奚落我們這「東方文化」的古國，依然同自然民族所差有限，在生產技術上旣是停頓不前的狀態，故與自然的關係也是停頓不變。固然，就是中國這種固定的均衡，也不能說沒有變動，試看數十年或數百年而一易姓，一換朝，不是把均衡攪亂了麼？但不久這種均衡又回復到以前的基礎上面，即環境與社會組織雖有矛盾——食物與人，不調——不久又回復到同量的相互關係，試以中國的史事來證明。

因爲中國的生產技術沒有進展，所以在那個沒有進展的生產技術上構成的社會關係，老是封建領主與所謂百姓的關係，即豪紳士大夫與農民的關係，中國幾千年的歷史，簡直可以說是封建領主與百姓關係的復演，故雖換朝易姓，在量上或有多少的變更，在質上總無些微的差異，我們在中國每朝代的興亡的痕跡上就可看得明白。秦始皇修築長城，乃是「起臨洮，迄遼東，延袤萬餘里」的工程，其役使的農民當在數百萬乃至千萬的數目，其他在驪山營造萬年吉地和修建阿房宮，也要役使七十萬人，已經是幼稚的生產技術，還要把勞動生產力浪費於好大喜功，窮奢極慾的裏面，他是不是在自己毀掉他經濟的基礎？故一呼嘯間秦於是亡。隋煬帝除了南征林邑，西擊吐谷渾，並與師百萬伐高麗之外，還爲巡幸或盪舞龍舟起見，大興土木工程，如要巡歷淮海，就發丁百萬開個通濟渠，又發民十萬開邗溝入江，又發河北諸軍百餘萬穿永濟渠，丁男不足，連婦女都要做工，又從京口到餘杭開濬八百多里運河，這在後世爲有用於農商業的大工程固不用說，在當世却已叫農民物質上精神上疲敝到萬分，若有打倒當世支配階級的口號，他們自然是如響斯應。通五代不過五十餘年，也就是亘五十餘年的戰爭聲，鼙鼓聲，人民們死亡的都是刀下鬼，活着的又是「打草穀」，若有爲之請命的，當然是流水就下。元末除了一般的高壓之外，又加上民族間差別的待遇，故終爲漢人的有力者所恢復。

以上所述的概略，每次均衡被攪亂的原因，大致是相同的，即封建的財力和武力，農民是唯一的供給者，封建主越是要擴大他的財力和武力，他將越發要犧牲農民於征伐，犧牲農民於賦斂，而農民被犧牲於征伐賦斂的程度越是日甚一日，則舊的封建主的基礎，其崩潰的程度，就一日加緊一日，於是就有新的封建主以新的武力揭櫫所謂伐暴救民的義師，而爲對壘的大屠殺，於是除有幾分活氣的農民爭先恐後的跑到新的封建主的旗幟之下作走卒外，於是精神上物質上疲敝到萬分的農民都成了兩軍對壘中的犧牲品，於是人口減少了，於是土地寬濶了，於是又回復到固定的均衡。新主在地廣人稀的領域內，在瘡痍滿目的接觸內，或許除苛法，免逋賦，以裝成他拯民於水火的局面，然除却所謂創業的，身經百戰的太祖高皇帝之外，其餘所謂世宗，大宗的，一面見着休養生息的富庶，一面就不得不走上擴充財力與武力的途徑，一走上這一個途徑，就不知不覺的逼近了國運的末葉。

總之中國的歷史是重演的，是無大進展的，再問中國的歷史重演的由來，那完全是土地資本階級——封建集團——握社會中樞的原故。（土地資本階級何以常為中國歷史的主脚？或者是地理的環境，包容於內部的生產力還有發展的餘地？或是隣接低等的部落而受其擾亂的原故？當再另文研究）既完全是土地資本階級握社會的中樞，那末，每次變革的領導者宜屬於豪紳士大夫們——代表土地資本階級的封建集團——已然是一定的邏輯，再試看秦末則有——

陳勝自立為楚王．

魏人張耳陳餘立趙後叫作歇的做了趙王．

魏人周市立魏國的公子咎做了魏王．

燕人韓廣自立為燕王．

齊國王族田擔自立為齊王。

這是北方的豪紳士大夫們，再看南方則有——

沛人劉邦據了沛，自稱為沛公．

項梁起兵於吳，便自稱會稽守，

秦末的情形如是，我們看隋末怎麼樣？也是事同一轍的則有——

竇建據樂壽，　劉武周據馬邑，　梁師都據朔方，　薛舉據天水，
李密據洛口，　李軌據武威，　蕭銑據江陵，　林士弘據鄱陽，
徐圓朗據魯郡，　朱粲據南陽，　杜伏威據歷陽，　李子通據海陵，
陳稜據江都，　沈法興據毗陵，　李淵據太原，

隋末是這樣情形，再看五代後的殘局，依然是——

稱南唐的有李昪，　稱後蜀的有孟知祥，　稱南漢的有劉巖，
稱吳越王的有錢璆，　稱北漢的有劉崇，　稱楚王的有馬殷，

五代後的殘局也是演的這種情形，我們再看元末的狀況，也就是——

方國珍據台州，　徐壽輝據蘄州，　張士誠據高郵，　郭子興據濠州，
劉福通據安豐，　陳友諒稱漢帝，　朱元璋據集慶，

以上約略把他們這種割據的情形敘述出來，倒不在敘述他們的成功和失敗，我只論究到他們這一夥人，全是代表土地資本階級的豪紳士大夫們，他們每每藉着中原鼎沸，民不聊生的機會，就叫一聲農民們！來！我是你們的救世主，我能爲你們「出諸水火，登之衽席」，那些虎口餘生的農民們，將來是否仍爲虎口餘生，還沒表現於他們的目前，也只有抱着「徯我后，后來其蘇」的態度，信仰他們，順從他們，而且在農民眼中看來，以爲自己只是替馬牛羊雞犬豕作朋友的，一遇見着肥胖而白皙的偉大，緩帶而輕裘的翩翩，規行而矩步的儒雅，出口而成章的斯文——這些豪紳士大夫們，便已五體投地的喊出「眞我主也」的口號，那得不皈依唯謹！其實赤裸裸地說來，這完全是領主與農民關係的寫眞，在農業生產時代，一方據有重要生產手段——土地——一方是要投靠這重要生產手段而使之生活對象化，觀中國史上每次某人據有某地舉兵號召的時候，就有許多農民去依附，去歸順（實際也不得不依附，不得不歸順），就可參透個中情形。

眞的，在這種時際，豪紳士大夫眞是唯一的領導者，除了敵對的擁兵割據的人們，沒有一個是所謂「反革命」，或「反動的宣傳」，而豪紳士大夫們在這個時際也是「視民如子」的口號，喊得震天價響，他時時刻刻深怕失掉民衆，他深知道失掉民衆之後，「龍飛九五」的大業是成就不了的，好聰明，好銳利的當時的豪紳士大夫，他們抓着了歷史的推動機——不聊生的農民——雖然沒有把歷史向前推進而復歸之於情形狀態，却是利用了推動機攫取了自己的地位，難怪諂諛的史官大書特書某太祖高皇帝「乃神乃聖，乃武乃文」！

第二節　過去朝代的更替與近世的革命

據上所述的中國史上每次的騷動，只是一個朝，姓的更替，其他社會組織與環境的關係，沒有多大的進展，故當時的領導者唯一只是屬於豪紳士大夫們。因此，一部中國史只能說是朝姓的變更，還不配說革命，因爲革命是進步的，並是量的變動到質的變動的，猶之溫水一樣，沒到攝氏百度的時候，水的各部分雖有急速的運行，還未能成爲水蒸汽上騰，這只是量的變動，故可例作社會的進化，若是溫水已到攝氏百度而達沸騰點的時候，水的微小部分已變爲小汽泡上昇，而已不是水了，這叫作質的變動，故可例作社會的革命，中國史上在進化一方面說來，差不多因封建主擴大武力與財力的影響，致進化的機能停滯，同時取得大地位之後，又是兩行舊路，既沒有進化，所以也就說不上革命。可是自從國際資本主義闖入中國以後，簡直震撼了中國全部的社會組織，他第一步是粗製工業與纖維工業的侵入，就腐蝕了農村的紡織業與家庭手工業，第二步是精製工業與重工業的侵入．就使中國電火一般的加速的殖民地化。因爲農村的紡織業與家庭手工業急速的崩潰．被廹而爲佃農僱農的就越發多，越是被迫而爲佃農或僱農，將由安土重遷驟變爲離鄉別境的影響，促使他們對於宗法社會的觀念就越發冷淡，越是對於宗法觀念冷淡，而向之唯心的，迷信豪紳士大夫的觀念，將逐漸爲唯物的，自我的觀念所代替，到了此際，封建社會的尊嚴，已經成了厠所的偶像，而豪紳士大夫的英雄觀念已不爲人所重視了。因爲全中國都因精製工業與重工業侵入而成爲加速的殖民地化，而社會成員間的分化，也是按着比例的加速，有的成爲國際資本主義的原料生產者，有的成爲國際資本主義工塲勞動者，有的成爲國際資本主義的失業者，有的成爲國際資本主義的流氓無產者，這已占了中國全人口百分之九十以上，其他則爲新興的買辦階級與垂死的封建集團，僅占百分之零幾，在這種劇變的社會關係中，若是要改造社會．應當推敲推敲誰配來改造，誰的主體來改造，怕翻舊皇歷有點不對罷！

帝國主義他是所謂資本主義的最後階段，他是突破國界將一切產業落後的國家都作爲他推銷商品，採集原料的地方。他開始必是威嚇或利誘的利用落後國家的支配階級締結所謂不平等條約，以便伸展他經濟的鐵腕，同時並在殖民地內製造大批買辦階級——日本的同文書院，英美的教會學校——爲侵掠殖民地的先鋒隊，尤其是產業資本輸入之後，更由火車，輪船直可侵入腹地，使全中國都成爲帝國主義之下的僱傭。這樣，奔騰澎湃的帝國主義的急流，簡直轉變了東方古國社會成員間的構成，腐蝕了從來的封建集團。封建社會的基礎，是建立在農村，家庭手工業等等之上的。但由帝國主義的輕工業與重工業層層的襲擊，又不啻爲封建社會掘墳墓，封建社會的封建集團越覺得快走到毀滅之途。越發日暮途窮的圖他最後的掙扎，而對下層民衆就越發肆行無耻的剝削與橫暴，尤其自有機械工業品與精製品以來，越發提高他們的生活慾望，這種愛好物質文明的反襯，就是加緊對下層民衆的搜括，而下層民衆求生不能，求死不得，他們逢着這樣坎坷的境遇，勢必反映到意識上面，或爲偶發的暴動，或爲組織的暴動，如京漢路的二七罷工，香港海員罷工等都是下層民衆分別給帝國主義和軍閥最偉大的回敬。

帝國主義侵入中國以來，簡直形成了一個偉大的金字塔，帝國主義是金字塔的尖端，金字塔的中間則爲買辦階級和軍閥，金字塔的基點則爲下層民衆，這些下層民衆受盡了不平等條約的約束，受盡了砲艦政策的威脅，受盡了苛捐，雜稅，公債，拉夫，姦擄，燒殺的苦毒，茲試圖表於下——

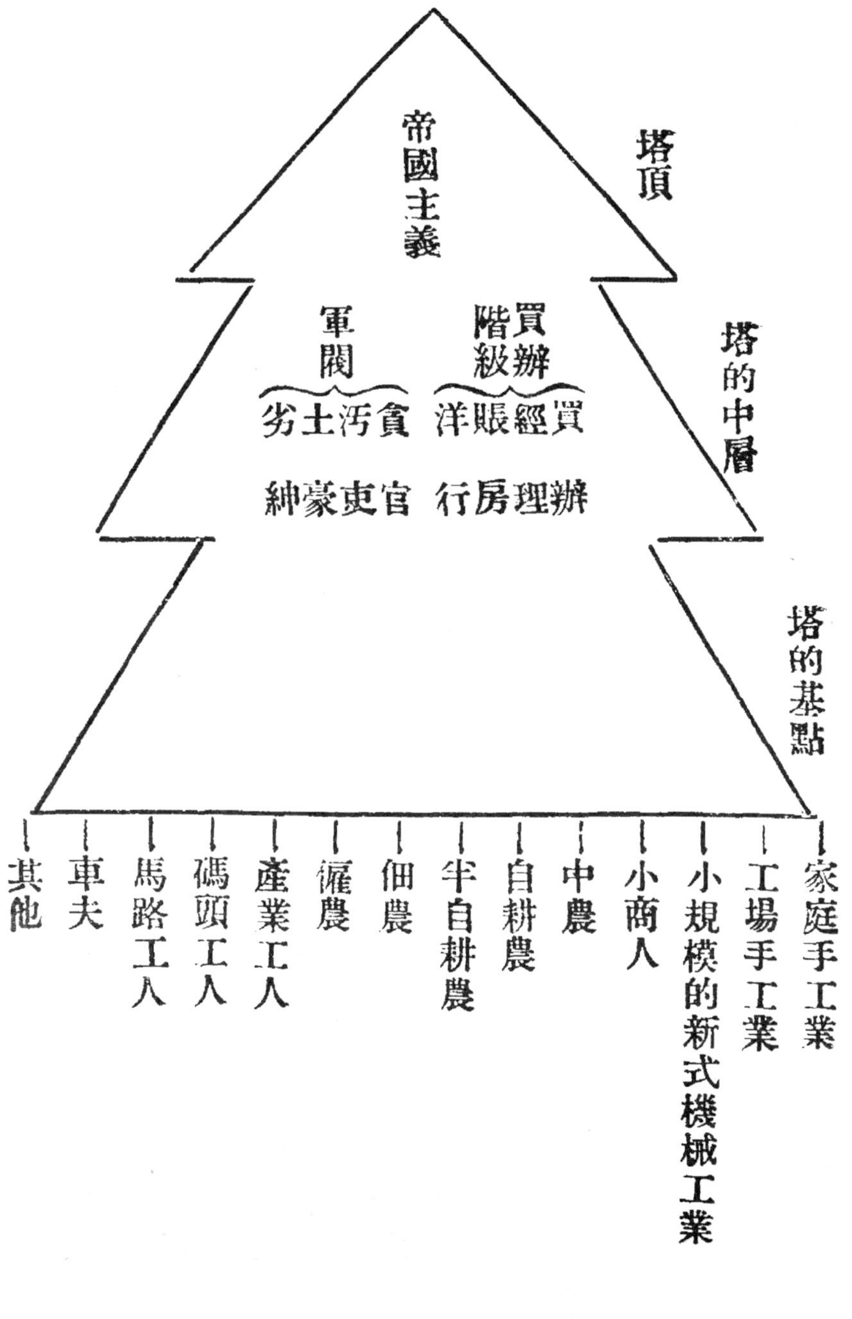
帝國主義
塔頂
買辦階級
軍閥
買辦
經理
賬房
洋行
貪官
污吏
土豪
劣紳
塔的中層
塔的基點
家庭手工業
工場手工業
小規模的新式機械工業
小商人
中農
自耕農
半自耕農
佃農
僱農
產業工人
碼頭工人
馬路工人
車夫
其他

我們把上述的圖表一看，就可明白，和塔的尖端相連的塔的中層，就數量上說，他只占中國全人口百分之零幾，就我們中國革命的對象上說，他們是藉帝國主義的卵翼和支持而存在的，他們的利害關係，就是帝國主義的利害關係，他們始終是與帝國主義立在一個戰線上面的，有他們就無基點的下層民衆，有基點的下層民衆就沒有他們，照此說來，他們不僅不配當革命的領導者和主力軍，並是國民革命的死敵，那末這個領導革命與爲革命的主力軍受害最切迫，數量占全人口百分之九十以上的基點的下層民衆，已屬必然的邏輯，除非盲目的，故意的曲解革命的人。

中國之被迫爲殖民地與夫負有歷史使命的社會的推動機，這是明明白白擺在面前的事實，並且由過去的事例可以證明，如其是舊皇曆可以看得的，如其指導者仍可屬於豪紳士大夫們的，那末，袁世凱，段祺瑞，吳佩孚，張作霖等的武力統一應該可以完成，何以？他們正是翻的舊皇曆，他們自身也恰屬於豪紳士大夫一類。我們往往觀察個人的本身，很不容易決定他的善惡，有恆產才有恆心，這是原則的，渴不飲盜泉水乃是例外，這就是說人們的行動，總常是受他們的經濟環境支配的，當袁段吳張等起初經營武力統一的時候，將一心以爲政權由他獨裁之後，他主觀上亦必對於中國抱了一種改革的大計畫，無如一開步就遇着暗礁，迨幾經焦頭爛額之後，又復爲權力慾，支配慾所係戀，就索性彰明皎著的伏在帝國主義的懷下以鎭壓他所謂反革命，卒至身敗名裂，或作廣公，或作逃犯，又豈是袁段吳張等起初經營武力統一時所及料的麽？假定袁段吳張等經濟的地位，是與帝國主義有利害衝突的，又假定袁段吳張等並是下層民衆的領袖，那就決計不會同帝國主義表裏爲奸，也決計不會爲封建集團張目，那是可斷言的，那他開步走也就不會遇着暗礁，並能得中國全人口百分之九十以上的擁護，可是袁段吳張等實際的經濟的地位，却是代表豪紳士大夫的，也就不知不覺爲英雄觀念所支配，爲個人本位思想所支配，爲傳統的封建意識所支配，也就不知不覺的要鎭壓下層民衆的所謂反革命，也就不知不覺的要封閉與他相反的出版界，要屠殺與他敵對的所謂亂黨，也就不知不覺的願爲帝國主義的警犬，也就不知不覺的走其所不得不崩潰的路，也就不知不覺的埋入自已挖就了的墳墓，這都是我們親眼看見的事實。

所謂軍閥的，他走的路線和帝國主義是一樣的，他們都算是騎得老虎背上，在軍閥搜括與帝國主義的搾取，就是他們存在的方法，他們一日不榨取和搜括，就失其所以爲帝國主義和軍閥，可是榨取和搜括超過了一定限度之後，其榨取和搜括的對象——下層民衆——將最低度的物質上精神上都不能維持，勢必現出最激烈的反抗，如英國有名逾年的炭礦罷工，埃及民衆領袖阿百杜爾克林反抗法蘭西，西班牙帝國主義，中國的五卅罷工，中國最近蜂起的紅槍會等等，這都是下層民衆不耐榨取和搜括的一些好證據，因爲基點的下層民衆，不是塊然一物的，他也是有血，有肉，有生命，有意識的有機體，他血肉的營養和生命的持續一遇着危急，他是要奮起掀掉那個塔的尖端和塔的中層的，因爲這是他們的死活問題。

高踞塔的尖端和塔的中層的帝國主義和軍閥，眼見得塔的基點上搖晃得地震似的，不是這裏暴動，就是這裏反抗，浸且有危及尖端和中層的趨勢，或許鬆一鬆下層民衆的鎖鍊，即只輕輕地搜括和榨取，藉使維持尖端和中層的安全，不知這絕不能以常情揣度得到的，帝國主義和軍閥他是走的這個運程，我們希望他覺悟，仁慈，是不中用的，他們也未曾不欲覺悟和仁慈，奈爲運程所限，猶之食肉獸的虎豹，獅子一樣，搏噬騰跳，是其本能，也是其生存的方法，若是向虎豹獅子爲弱小動物請命，那就叫虎豹獅子自殺，那裏有這麼一回事！帝國主義和軍閥既爲運程所限，所以榨取搜括，是其本能，我們若向帝國主義和軍閥爲弱小民族和下層階級請命，也就是叫帝國主義和軍閥自殺，哼！他那裏會自殺，他們越感覺得基點上起了動搖，就越發露出猙獰的面目來，越加以航空軍，綠氣砲，海戰隊，陸戰隊威壓殖民地，越加擴充成師，擴充成軍，擴充成軍團，越加苛捐，雜稅，公債，特捐對付下層民衆，本來他們如上所述的乃是騎在老虎的背上，行乎其所不得不行，可是在下層民衆也是反抗其所不得不反抗，這是支配者與被支配者的一個生死關頭，畢竟誰是未來歷史的主人？這在社會進化的原則上他是有結論的。

第三節　中國最近下層民衆的量與質

據最近調查，中國農民約有三億三千六百萬人，而此三億三千六百萬人中有土地的農民只占全農民數百分之四五，試列表如次：

	畝數	人數	占有地
(一)小農	一—一〇	四四%	六%
(二)中農	一〇—三〇	二四%	一三%
(三)富農	三〇—五〇	一六%	一七%

小地主	五〇—一〇〇	九%	一九%
大地主	一〇〇以上	五%	四三%

富農與小地主大地主的人數，僅占全農民數百分之三〇，而其占有土地面積，乃是可耕地面積百分之七十九。那從農民全體說來，完全沒有土地的約占百分之五十五，有土地而極狹小的——一——一〇畝——僅占農民總數百分之二十，那就可以說有百分之七十五的農民是要求土地的，是極窮苦的。

土地是農民的生命，農民自然是要求土地的，而農民的土地，又是直接間接地爲封建集團(土豪劣紳，貪官汚吏)敲吸殆盡了的，那末，他們在打倒封建軍閥的口號中是不是主力軍？怕是一個決定的事實罷！

再中國雖是產業落後的國家，自爲列強資本主義的殖民地以來，工人也有不少的數量，據最近調查，則有：

鐵路	一〇〇、〇〇〇

木綿紡織	一六〇、〇〇〇
火柴工場	九〇、〇〇〇
礦　山	四二〇、〇〇〇
海　員	八〇、〇〇〇
煙草公司	一〇〇、〇〇〇
碼頭工人	五〇〇、〇〇〇
電氣工場	一〇〇、〇〇〇
車　夫	二〇〇、〇〇〇
郵政局	四〇、〇〇〇
建築業	六〇〇、〇〇〇
釀酒公司	一〇〇、〇〇〇
理髮師	一〇〇、〇〇〇

鹽工場	三〇〇、〇〇〇
家庭傭人	四〇〇、〇〇〇
陶器產業	二〇〇、〇〇〇
金屬產業	二〇〇、〇〇〇
經紡織	一三〇、〇〇〇
印刷	八〇、〇〇〇
洋灰工場	二五、〇〇〇
養雞	一五、〇〇〇
造船	二五、〇〇〇
製粉業	一八、〇〇〇
皮革業	二〇、〇〇〇
家具製造	五〇、〇〇〇

染色業	三〇〇、〇〇〇
毯蓆業	二〇〇、〇〇〇
採茶	一〇〇、〇〇〇
奴婢	五〇、〇〇〇
製紙業	一〇〇、〇〇〇
製藥	三〇、〇〇〇
被服廠	三〇〇、〇〇〇

以上所列的也有許多手工業工人，却是產業工人亦在三百萬人以上，自馬關條約以來，列強都依最惠國條約得在通商口岸自由經營各種製造業，於是中國各大口岸都有了帝國主義的工場，這就是吸收價格又低廉，性質又柔順的中國工人的血髓藉以緩和本國勞動問題的企圖，可是柔順的中國工人由他客觀的環境——實物的訓練——已變爲不柔順了，每遇外國場主的壓迫，他們總是着

了民族外衣的政治運動，而不是產業先進國初期的經濟運動，這在五卅、港粵罷工中表現得最明顯，那末，中國在打倒帝國主義的口號中，他們是不是最前綫的先鋒隊？

再其他新興工業，他們受關稅協定的壓迫，受强大外資的壓迫，當然是要贊助革命的，尤其在這幾點他們要打倒帝國主義，再過渡階級——小商人，手工業者們日日感覺得自己經濟地位的衰頹，似乎又不是祈福禳神的方式可挽回他們瀕於沒落的命運，轉念間也許要跑到革命的戰綫來的，再知識階級，他本是經濟上無地位的游離分子，（嚴格說來，還不是一個階級 在以前則以「士」而擁護封建社會，（也許現在還不在少數），自洋八股盛行以來，也得着不少的洋博士，碩士，學士等等，有的則爲洋買辦，洋賬房等而獲得了高貴華人的資格，有的則獲得了工程師，技士的地位，有的居然成爲最高學閥，實在洋八股已在中國添了無量數的新貴，果然這幾年的洋學堂投機業，直有雨後春筍之槪，上海有許多大學，北京有許多大學，漢口有許多大學，推之各省都有許多大學林立着，而鄉村乃至各都市的大小資產階級的父兄們也熱中了這個投機，以爲子弟大學一畢業，不僅去掉舊日輕視的「鄉白老」，「老板」的稱呼，並且畢業的子弟若取得一官半職，就可由「鄉白老」「老板」一躍而爲「老太爺」，這是何等甜蜜的味道！畢竟這已遲了一步，各就業機關率爲畢業的老前輩所把持，而後起整千整萬的畢業的學員們，不唯撈不着一個小科員和書記，且常被老前輩冠以輕躁過激的稱呼，此際若仍回老家過活，不僅慣習了都市物質文明的總匯之後，萬難相安於自給農村的沙漠，而且很難爲情於十二分熱忱希望作老太爺的父兄，那末，他們這種環境，是不是要在革命中求出路？由這一點說來，現代的智識階級大部分是革命的。

所以中國的革命除塔的中層以外，都是革命中的隊伍。但革命的主力軍，當然是工農階級，這本是中國客觀的革命的條件，現在的一切表現，似乎都在有意無意的腐蝕革命的眞意義，而誤入到很深的歧途，若然，便是革命很大的危機，便枉費了革命先烈無量數頭顱的犧牲。若然，便是走向歷史反逆的錯道兒，勢必遇着袁段吳張等走錯道兒的覆轍。

耒耜圖

犂圖

用以掘土絕草根的，其又曰耜，曲木曰耒。

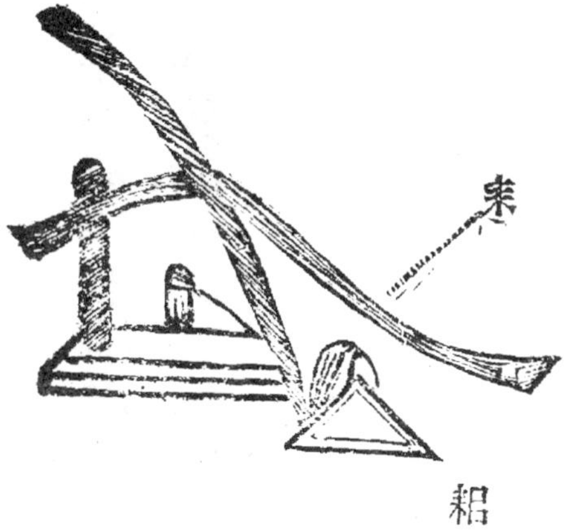

第六章　從耒耜說到產業革命

第一節　耒耜到犂的進化

「斲木爲耜，揉木爲耒」，這或者可以說是中國數千年前的文化，考耒耜爲田器，耜以起土，，耒爲其柄，由耒耜這個形式看來，不惟沒有使用鐵器，且還不能利用獸力，迄今非洲安哥拉的土人，使用於農業上的還是這種耒耜。如果鐵器是開始用於周代，怕是到周代才有犂，因爲能利用鐵器了，起土的耜則以鐵爲之，耒上再加一個轅木，便好用牛挽了，犂的生產力當然高過耒耜的許多倍數，由此便生出「周監於二代郁郁乎文哉」來，不然，用人力推挽耒耜，人們整天都要勞頓於所謂「必要勞動」，那裏會有剩餘勞動來幹那些「郁郁乎文」呢。假定耒耜是創之於所謂神農，假定神農到周時爲二千年，其中眞不知經歷了許多經驗，許多星霜，約計二千年間的進化，才由耒耜一變爲犂。的確，在古代社會的進化，實不能以今人的眼光測量的，光只所謂耒耜，而耒耜的完整形式，又不知經歷了許多經驗，許多星霜，才爲當時人們比較的合用，當然，犂也是一樣的，犂雖是創始於周(？)而犂的發達完全，成爲上圖的形式，或許也不是一蹴而就的，犂之爲用大矣哉！我們今日飲水思源，就不可不想見我們祖先的犂的締造艱辛。

不過我對於我們的祖先有美中不足的，如果社會的進化，是照物體下落的比例，離地愈近，下落的速率愈快的話，兩千年的進化，已由耒耜而變爲犂，那末，再兩千年或三千年間的進化，應該由犂一變而爲蒸汽犂或電汽犂，才是合於進化公例的。但是兩三千年前就有了牛馬挽耕的犂，兩三千年後還只是牛馬挽耕的犂，未必我們的祖宗都是「謀道不謀食」的麼？

但是話也不能這樣籠統的說，我們不都是習聞過歐洲的產業革命麼？自產業革命以來，就能力上的經濟說來，有蒸汽發動機，瓦斯發動機，電力發動機，而作業機，配置機亦莫不與進步的發動機相追蹤，這在工業上巨大的進步，倒有日新月異的趨勢，而在農業方面雖然也有了蒸汽推動犂，幷束穗機，播種機，刈穫機等等，都是不能普遍的應用，有的却還是中世紀的農業狀況，這又是一個甚麼原因？

有人研究出這個公例，說是農業行的有機的生產，往往受季節和氣候的限制，故進步的工業上的用具，每不能卽施之於農業方面、這一說也似乎只說到一點是爲人所首肯的，卽農業之有機的生產較工業的生產，其効是遠不及的，但問何以近世進步的如蒸汽推動犂等等何以不能普遍行之于農業的話，這一說就難于解釋了。這或許第一就是土地兼併的原因，因為有限性的土地為少數人所獨佔了，就不能不發生佃戶，因有佃戶，即有地租。在往者勞力的地租幷物品的地租時代，不用說，寄生階級的封建領主只圖盡量壓榨勞力和物品而為奢侈的享樂，何曾知道「稼穡的艱難」？何曾能「不違農時」？而供給勞力與物品地租的，惴惴然惟恐斧鉞鞭朴之相加，那裏有餘力改良農事？至到了有貨幣地租的時候，地主們則以其貨幣購買遠方珍奇的東西，即不然，亦必使地租成為工業資本化，換一句話說，他們必以地主而兼企業家，他與其投資于農業之有機的生產，不能使資本有迅速的循環，他必然投資于工業資本成為資本的飛躍，因此，農業在土地兼併的場合，農業生產力絕無增加的可能，而納貨幣地租的佃農，他的農業投資的利潤，有時幷農業勞動的工銀，都要以地租的名義繳納於地主，他何曾有力改進農事？而且他改進農事了，地主的地租將視農作物收穫的增進為比例，這樣，也無由刺激佃農改進農事的心理。

再其他的自耕農，雖然沒有繳納對於地主的地租，或許要繳納資本家的利息，因之他購入土地的欵項，也許是向資本家借來的，這樣，自耕農雖完全是土地所有者，雖完全可以享有自己農作物的收穫，因要支付購入土地時所借資本的利息，也沒有能力改良農事，總之因土地私有制的結果，農業生產力有日益頹化的傾向，至少也是維持現狀的傾向，這在世界各國的農業上，雖有程度的不同，而農業生産力沒有什麽大增加，可說是一個最顯著的事實，或者中國這數千年前就是牛馬挽耕的犂，數千年後，依然是牛馬挽耕的犂，就是同這一樣的原故麽？

第二節　中國產業與自然環境的關係

不過中國的事情還當別論，自然，土地的私有制也是一個重要的原因，而中國所處的環境也有很大的關係，那怕是前後幾千年間都是牛馬挽耕的犂，總算是有河流灌漑的地帶，有肥沃適宜的土壤，在經濟階段說來，這總是一個典型的農業社會。然在黃沙蔽日，滿目沙漠的部落看來，他們簡直是「韋鞲毳幕，以禦風雨，氈肉酪漿，以充飢渴」，忽然發見「良田沃野，鷄犬相聞」的樂土，那得不紅眼？豈僅紅眼？他將率領他「旃裘引弓」的健兒，來與你相周旋，可憐安土重遷的農民，看見了他們，猶之食草獸看見了食肉獸一般，簡直「觳觳無地」，本來農業民族的性格，也與食草獸的溫和一般，畜牧民族的性格，也與食肉獸的兇暴一般，這種民族簡直在中國史上是與中國民族相始終的，開始就「事之以犬馬，事之以皮幣，事之以珠玉」，終於免不了他們的追逐，嗣後則或輸以歲幣，或尙以公主，或稱以兄長，或稱以叔父，猶然做了中國幾次的大皇帝，可見他們之羨慕前後幾千年間都是牛馬挽耕的犁的這一個地方，是再熱烈沒有的，是再兇猛沒有的，不用說，在老是以農業爲基礎的中國社會，在進化上應不應該有一個長期的停頓？幷且說一句「痛定思痛」的話，設若不是中國偉大的精神文化（說一句老實話，並不是什麼精神文化抵住他們的，實是畜牧民族的性格自離開了他們環境之後，爲農業的環境所轉移，因之性格也農業民族性格化了的原故，六朝的拓拔魏，淸代的滿族，就是絕好的例）抵住他們，險些「吾其被髮左衽矣」呵！

農業民族的文化，因游牧部落長期的騷擾而有長期的停頓，這是一個事實，至於政治方面的封建地主爲中國長期的支配者，也是中國文化常爲東方文化的一個原因，這在本書中也討論過許多次數，不必多事論列，總之中國每一個封建的大地主開始雖有幾道關於農政的煌煌法令（實際中國歷代除黃河工程外，怕多是屬於省刑薄稅消極方面的），而中國有名的歛錢而肥的官僚，那個不是「出任一次，懸起農具吃三代的」準備，還不是「陽奉陰違」麽？因此，中國每數百年或數十年的換朝，可說都是流的農民的血，可說都是農民的叛變，雖然每次不自覺地依然成了爲封建大地主換取所謂「玉璽」的工具，而農民物質的精神的都不能自給而出於反抗，而仍然只有保留前後數千年間都是牛馬挽耕的犁，這不又是一個事實？

第三節　農業社會的社會關係

我現在想關門的說幾句話（卽海禁未開前），以我個人的經歷、大約三十年前卽比較交通的地方，還不知道有（火柴），還是用的燧石，並且有的人家連燧石都沒有，或聽鷄啼中午的時候，卽抬頭向屋簷一望，若是鄰家灶頭的烟霧透過了本宅的屋簷上，卽拿取紙燃向鄰家乞火，這種情況在三十年以後的雲貴偏僻地方，或者還是這樣。自然，當時最重要的生產工具，第一是犁，第二是耙，耙有木耙鐵耙的分別，都是用牛馬引曳的，其作用就在於犁土之後，使土更加軟膨，故須用耙。顧農業生產工具雖是這樣的簡單，究非孤立的農業者所能措辦的，換一句話說，他非參加於該時社會的物質的生產關係不可，茲試將該時生產關係一述。

甲　屬於農村一方面的關係

一　農家與木工的關係，農家需要木工建築房屋，製造木料方面的農器，如犁，耙等。木工需要農家的米，布或貨幣，以便購買其他需要的東西。

二　農家與鐵工的關係，農家需要鐵工煉製鋤，鐮，鍬，耙齒等等。鐵工對於農家的需要同上。

三　農家與煅冶工的關係，農家需煅冶工鼓鑄鐵耜(俗呼罐頭)，鍋，罄，鐵香爐並鍋器銅器等，煅冶工對農家需要同上。

四　農家與石工的關係，農家需要石工的石臼，石磨，石碾，石磙等等，石工對農家的需要同上。

五　農家與竹工的關係，農家需要竹工的冷簟，晒簟，籮筐，簸箕，掃帚，竹罩等等，竹工對於農家需要同上。

六　農家與陶瓦工的關係，農家需要陶瓦工的鍾，盞，碗碟，磚瓦，並建築房屋等等，陶瓦工對於農家的需要同上。

以上當然不是列舉的，只是隨舉相互關係之點，證明沒有孤立於社會外農人或手工業者，任何農人或手工業者若一日孤立於社會，就一日不能存在，顧這裏所舉的各項手工業者，或者除陶，冶工外，都不是獨立手工業者，而是手工業者兼農人的，他們或許專靠自己的種地，還不能自給，必須兼為手藝工人，才可補助他們生活的不足，這怕在近代，有許多地方還是普遍的情形。他們以牛馬挽耕的犁，手紡車，手織機，手風爐，水車，風斗，墨斗，曲尺，鋸．斧，瓦刀，篾刀，渡篾錐，鑄模，石錘，石錐等各種生產工具而結為相互密接的生產關係，由這種相互密接的生產關係，而形成地域兼血族的團體。至地域兼血族團體的形式，大概鄉村都是聚族而居，如張家台，李家台是，當然姓張的或姓李的於其村落付近，例有一個「張公祠」或「李公祠」，這個公祠內供着歷代祖先牌位，一是敬宗收族，二是勸孝勸弟．也可說就是一個「明倫堂」，每逢春秋二祭的時候，即由族長召集闔族於一堂，素有不孝不弟的，則由族長大加申斥，或用鞭責，其更視爲罪大惡極的，則直接處死（或淹死，或活埋）。但族誼非常隆厚的，有冠婚喪祭，則互通慶弔，並贈以相當的禮物，至壽誕，生兒並舊歷年節等也是一樣。但所謂公祠的只限於一個血族，其他非血族的地域團體的形式如何？那大概就稱爲一社（俗呼土地廟），他們雖沒有先祖的公祭，却有社神的公祭，每春賽秋賽的時候，也有一個大鄉宴，是由保正或甲長召集的，或關於公共水利，或關於公共隄防，或係田土的爭執，或係溝渠的灌溉，一切種種，都在這個大鄉宴之下解決，他們也互通慶弔，他們也禮尙往來，他們有種種的公約，公同遵守，他們直接的處罰，也是由保正或甲長以一定的儀式執行的，總之這種血族的和地域的團體，都是半自治的形式，俗說「家法嚴於國法」，「鄉案大似公案」（公案猶言衙門），大槪是稱述的這兩個自治體。

乙屬於市場一方面的關係

一切手藝工人在列肆而居之先，在歐洲莊園制度的初期，一切手藝工人都是齊集於莊邸之下爲莊主服務的，但是手工業的進展，自必發生交易，有了交易，又必發生初期的行商，久之這些行商乃於一定交易的地點形成一個定期交易的市塲，既有了一定交易的市塲，爲交易媒介的貨幣亦必廣爲通行，莊主既因貨幣可以代納實物地租，莊主卽可拿貨幣購買遠方珍奇的東西，因此，齊集於莊邸之下的一切手藝工人，就成爲游離的勞動力，就流浪於市場成爲雇客定貨的生產者，久之這些手藝工人卽自己設起店鋪來，而成爲店東，於是一個市塲內就發生了獨立的商人與手工業者。在市塲的開始，田園的色彩還是非常濃厚的，因爲有時還須藉助於農圃，以補生活的不足，久之交易一日繁盛一日，而農與商工的劃分就愈加淸楚，卽爲農業附業的手工業，日漸轉移於市塲，爲商工業附業的農業和園藝，日漸移於鄉，而各有專業，這屬歐洲中世紀市塲成立前後的大概，但中國的市塲怎樣？

現在也無從搜集這些史料，但從許多固有的名詞考究起來，關於陶瓷業則有所謂「官窰」，關於織繡業，則有所謂「貢緞」，「貢呢」，關於鹽漬物則有所謂「官醬」（上海的醬園每有這樣招牌），或許是莊園後發生的一種情形？或是特別指定原料和製造適宜的地點？這裏暫不必深究，總之自有市塲以後，手藝工人大半麕集於市塲，自屬必然的事實，因之，農家素所賴於非獨立的手藝工人的，現在不能不到市塲向手工業者的店鋪去交換，向商人的店鋪去購買，而商工業者以交易日益繁盛的原故，即完全成爲獨立的商工業者，而脫離田園色彩的農業和園藝，因此，就愈加需要農家的米，布和原料。

此是就農家與市塲相互關係說的，但市塲自身的相互關係，或許還要加强於農村與市塲的相互關係，因爲他們是列肆而居，接觸至密，茲試述及市塲相互關係的概略。

市塲之有同業組合，殆屬一般市塲的體系，同業組合大概有商人的與手工業者的區別，屬於商人的同業組合，則有各幇公會，幇有幇董（如由各地域的聚集於一個市鎭的，如江蘇人，廣東人是）各業公會（綢緞業，布疋業，廣貨業），業有業董，各行公會（竹木行，雜糧行，棉花行），行有行董，屬手工業的，槽坊則有杜康公會，木瓦業則有魯班公會，縫衣業則有軒轅公會，礱米業則有后稷公會等，而各該會各有會首，董事，總之他們這些商人或手工業者都以宗教的形式，或聚集於所謂財神殿之下，或聚集於所謂軒轅會或魯班聖誕之下，披着宗教的外衣，而商訂徒弟的待遇，原料的徵求，樣式的規定，價格的劃一，若背了這個公約的，則由董字號的（幇董，業董，行董，或會首等）人們執行紀律，即不僅受神的譴責，並且受人事的制裁。當然每年也有許多大享宴，其他冠婚喪祭，也是互通慶弔的，若有外來的商人或手工業者來這一個市鎭巡自開設店鋪，不加入各行各業的會，也是不可能的，故市鎭各種同業組合，也算是一個半自治體。

第四節　社會關係的硬化

據上面說來，大概人們即由這樣的相互關係，而構成社會，用術語說來，即構成了社會上層建築的基礎，再由這個基礎上面，而發生與這個基礎適應的所謂法律，政治，宗教等的上層建築物。我們在上面所說的，關於鄉村的祠堂．社，關於市鎮的各種同業公會，都是所謂半自治體，然只是一個半自治體，設若一族內眞有所謂不孝不弟的，也許族長無力懲治，社內的保正甲長也是一樣，有時也不能執行所謂社內公約．市鎮上董字號的人們也有時也不能制裁同業公會的事，換一句話說，即以上種種最後的辦法是怎樣？這當然不是簡單的，然據所謂適應該社會基礎的而發生政治法律宗教等等上層建築物，這一個脈絡，當然容易了解，即法律，政治，宗教等都是適應於一族的祠堂，一地域的公社，一市鎮的同業組合，各祠堂，各公社，各同業公會所謂的種種規則和公約，都是爲當時的法律所批准，爲當時的宗教(社會意識)所贊許的，直接了當說來，這些公約或規則，都由族長，保正，甲長以及市鎮一切董字號的人們通過了當地公安局，縣長，審判廳，駐軍司令而得着了保障的，而公安局，縣長，審判廳，駐軍司令又是直屬於軍事長官，行政長官，司法長官而執行他們的命令的，因此，族長，保正，甲長，以及市鎮董字號的人們，他們最後的辦法，是極有把握的，卽族長按照該明倫堂的所謂規約而陳述他姪男子弟的罪惡，保正甲長按照該社約而列舉當地人民的違法，市鎮上董字號的人們按照該同業公會的規約而列舉徒弟的犯規，店舖的亂紀，這一紙到了公安局，縣公署，審判廳，駐軍司令部，照例都是按照投訴紙上所列舉的罪狀照辦的，所以這一個所謂社會秩序，也就帖然無事。

第五節　社會意識的硬化

以上是關於法律政治一方面的，現在想關於當時的社會意識略舉一二，這種社會秩序，就是倫理的秩序，身分的秩序，所謂倫理的秩序，就是爲子當孝，爲弟當恭、所謂身分秩序的，就是卑者事尊，賤者事貴。爲族長的位在父兄，若子若弟的誰個敢不恭孝？爲保正甲長以及市鎭一切董字號的人們，當然較有門閥，故爲尊者，故爲貴者，而當地的人民，徒弟，店舖等又誰能不下氣怡聲？但這種倫理與身分是直達朝廷的，即爲臣民的當有孝的擴大，以孝於父的而忠於政治支配者，當有身分的擴大，以隸屬於市鄉的而隸屬於政治支配者，這直是一氣呵成的筆法，毫無鬆懈，毫無罅漏，故社會得以鎭靜，有時還特加周密，故作警策，試看淸代的「旌表節孝」，民國時代袁徐的「褒揚條例」，其用意就大有所在，好容易由「天高皇帝遠」的京城頒下一道旌表或褒揚，到邊鄙的窮鄉僻壤來，是何等榮譽！何等名貴！豈只是誇耀世俗？這不僅本身受褒揚或旌表的承荷天寵優渥，愈足激勵其親上死長之心，即一般爲倫理的秩序和身分的秩序所麻醉的，都不自覺地爲這個社會意識所鼓盪，所同化，而對於有身分的，爲尊長的，也要愈加崇仰，敬若神明，這不是身分的，倫理的社會秩序更加鞏固了嗎？

其實這只是其一端，還有較高的哲理(玄學)維持着這種社會的秩序，那就是儒教的功勞了，他們有所謂「祖述堯舜，憲章文武，上律天時，下襲水土」的中庸之道，眞是莫測高深！但是何爲中庸之道？據程子中庸字義的解釋，「不偏之謂中，不易之謂庸」，大略「不易」，是不可變易的，猶云經常的意義。或許所謂中庸的，就是經常在這個當中，而不可須臾離的意義，這種說法，在字面上看來，本也沒有什麼難解的區處，但是行動起來的時候，所謂「經常當中」的，究竟以什麼爲標準？那在儒教說來，是一件極容易的事，卽「夫婦之愚可以與知焉」的一件事，那就是所謂「天垂象」，這是人們都知道的，卽繫詞所說的「天尊地卑乾坤定矣，卑高以陳，貴賤位矣」的一部自然法。那末，生在這個大自然中的人類，必然有一個「天命之謂性」，跟着這性走的，就是「率性之謂道」，有取法於天的聖人(天垂象，聖人則之)，就闡明這個大道，而廣爲宣揚，那就是「修道之謂敎」。然則儒敎是怎樣的闡明大道，？是怎樣具體的在宣揚那就是「所求乎子者以事父，所求乎臣者以事君，所求乎弟者以事兄」，再把這一個倫理應用於政治上去，那就是「無君子，莫養野人，無野人，莫養君子」，「有大人之事，有小人之事」，「治人者食人，治於人者食於人」，於是這種說法，遂成了天經地義，遂成了社會意識，當然沒有犯大不韙的邪說暴行。

由此說來，中庸之道是取法於天垂象的，又是「天尊地卑，乾坤定矣，卑高以陳，貴賤位矣」，那末，父天母地的天子（皇帝）當然就是中庸之道的創作者，天子怎樣說是才爲經常當中，那就是經常當中的標準，於是儒敎對這個標準，加以潤色，加以解釋，於是天下之人民莫敢不服，莫敢不敬，於是與天子同一支配階級的……族長，保正，甲長並市鎭一切董字號的人們就越發適合這個標準，而居於天垂象的尊者貴者的地位，於是立於被支配階級的……子弟，人民，徒弟，小店鋪等也像很自然的遵由這個標準而屬於卑者賤者的地位，於是梯子段的社會，就成了化石，美哉中庸之道！

第六節　產業革命及於中國的影響

我們在上面說了許許多多關門的話，說中國怎樣發生耒耜，怎樣從人力推挽的耒耜，進爲牛馬引曳的犂，怎樣由牛馬引曳的犂形成中國經濟的，政治的，宗敎的(儒牧的)，亘數千年長期的封建社會，然而那只及是關門的精神文化瀰漫了的中國社會，可是到了產業革命的烽火使農業國民屈服於工業國民，野蠻國民屈服於文明國民，玄學國民屈服於科學國民的時候，就是萬里長城和海上梅花樁，也是禁止不住的，果然產業革命的烽火，不一忽地直是兇燄萬丈，就刮刮地燒進中國來，於是第一燒毀了手風爐，手紡車，手織機，並墨斗曲尺，手斧旋鑽等都燒得一個乾淨。接着第二又已燒着了牛馬引曳的犂，桔槔，水車，並手臼，手磨，石碾等也在普遍的燒着，那末，連帶而起的第三，必然又將燒毀在手風爐．手紡車，手織機，牛馬引曳的　，手臼，手磨的基礎上所發生的中庸之道，因爲這也是中庸之道的一定的運命，它的基礎旣已崩潰，它將與空氣比重，不升天，就入地，便回到歷史博物館去休息！

產業革命烽火，它不僅是消極的在折中國的台子，它還有它的一套，試表於下：

A　動力機械

一，機關車，二，移動蒸汽機關，三，其他的動力機械。

B　一般的勞動機械

一，金屬，木材，石材，並其原料加工的作業機，二，唧筒，三，起重機及運輸機械，四，其他一般勞動的機械。

C　特殊業的勞動機械

一，紡績機械，二，農業機械，三，原料業用的特殊機械，四，武器及彈藥用的特殊機械，五，精製工業的特殊機械，六，各種器械的製作。

D 機械修理工廠

E 鍋爐，裝製及器具

一，汽灌，二，特殊業的鍋爐，裝置及器俱。

F 機械附屬品及機械部分品

一，機械附屬品，二，機械部分品。

G 磨機製造

H 造船及船舶機械製造

I 飛行船，飛行機，飛行船飛行機部分品的製造。

J 瓦斯坦克

K 運搬機的製造

一，自轉車及自轉車的部分品，二，自動車，三，鐵道車輛製造，四，貨馬車製造及客馬車的製造。

L 鐘表及鐘表部分品製造

M 樂器的製作

一，風琴的製作，二，其他樂器的製作。

N 光學及精巧機械的製造品，並動物學的及顯微鏡的物品製造

O 不入於電氣學範圍的白熱套及燈罩的製作

再關於電器學的工業則有：

A 發電機及電氣發動機的製作

B 蓄電池及其他諸要素的製作

C 電線及絕緣線的製作

D 電氣測量設備，電器計算器，及電表的製作

E 電氣裝置及預備品的製作

F 電燈及探照燈的製作

G 電氣的，醫生的，及牙醫的用品製作

H 弱電流裝置的製作

I 包含絕緣管的絕緣體的製作

J 大會社的電氣製品的製作

由產業革命的結果，積極的來到中國就是這一套，它比手風爐，手紡機，手織機何如？比燧石，植物油何如？比手臼，手磨，牛馬引曳的犂何如？當然都是要被破壞的，因之中國幾億幾千萬的人民，都由這個開門的產業革命的砧俎之下作了魚肉，而任其砍殺，任其宰割，其他還未迫近砧俎的人們（或許因以爲利焉），偏還抱殘守缺的死守着中庸之道，以爲恢復了先王之道，先王之法，就可免除這個浩刼的，不知先王之道和先王之法的基礎已化爲灰爐，怎不該眼光四射一下，唉！

中國以這樣的環境，中國發生革命，倒是必然的因果性，我曾聽見一個華僑講過這樣的話，他說中國革命是海外帶起來的，我相信他這句話却有幾分眞理，因爲要有海外產業革命流入中國的原因，才發生現代中國革命結果，當然，這一個革命，不是換朝式的革命。其實豈只產業革命流到了中國？並產業革命後所發生的思想也流到中國來了的。試看法國大革命的結果，法律上的德謨克拉西直普遍了全世界，英國產業革命的結果，經濟上的德謨克拉西也逐漸繼起於發生產業革命的國家，不過中國的幅員至爲廣大，尤其鄉村與產業革命後爲洋資本家所操縱的都市，外觀上顯呈前後數世紀的懸隔，因之有的只看到一隅，而想望舊世紀的國家主義，有的受了資本主義國家的陶養，而想望自由放任主義，有的對現在的煩悶，過去農業手工業的美憶，而想望安拉其士母，有的想徹底改造，而企圖康民利士姆，眞的，中國此刻的思想上也是極不一端！

然則中國將長是這樣混亂下去嗎？不然，這個混亂也許潛伏着新社會的萌芽，但也恐非短期的，因爲中國一方面要結束數千年來牛馬引曳的犁的文化，一方要接受產業時代以來的文化，這一個結束和接受，必有相當期間的奮鬥和準備，瞧着罷。

第七章　從中國社會史上說到中國革命

第一節　一般社會進化的原則

在中國過去的社會，中國的史家雖是多荒誕無稽的紀述，而其所列的經濟階段，還不是羌無故實，如自神農以前的，所謂有巢，燧人，包犧各時代，都各有其時代的象徵。人自來並非特殊的，神聖的，按進化原則上說，也是從「亞米巴」進化而來，那末，雖在有巢時代，還只是一個具有四足的哺乳動物中之一種叫做「人」的，因為樹居生活的時候，前兩足還只能供攀援，供跳噬的用途，不能作把握工具的用途。但兩前足是在什麼時候變成手的？那大概是樹上的果實與營寄於樹上較微弱的動物已為人所吃盡不能供給的時候。自然中有許多生物因環境變遷的關係，致營養缺之而槁斃殆盡的當然不在少數，那就叫作「天演淘汰」，然人在此際似乎覺得欲求生存，非適應環境不為功，也許適應就是所謂「萬物之靈」的起點、感覺得樹居既無生活的可能，那末，只好從森林跳到平原，另闢生活的途徑，然而創造另一個生活．決不是容易的事情，想像平原中該有多少兇猛強悍的惡獸與毒虫，他們的齒牙和蹄角，簡直是開口的榨肉機，搖身的蒸汽鎚，它們在騰跳搏噬的中間．不知有若干弱小民族供了它們的犧牲。人從樹居跳到平原，在平原的羣英會中比較起來，他自身的器官，遠遜於那些帶有齒牙蹄角的器官，他一方把在樹居生活時代用以攀援和跳噬的兩前足變爲兩手，從此就成爲直立步行的人了，他的手不僅像猿猴兩前足利用天然的工具——石塊，木棒，用以榨碎胡桃和果實．還能揀選工具，並進而製造工具，藉在大自然中作他生活目的的用途，所以說人是製造工具的動物。

人既能揀選工具或製造工具之後，自然能補助或延長他器官的不足，那末，雖說他沒有齒牙和蹄骨，也可同帶有齒牙蹄骨的相頡頏了，同時另一方，人從樹居跑到平原以來，就是帶有社會性的，這由兩個必然的條件發生出來：一是對於自然的防禦，人雖能揀選工具或逐漸能製造工具，但形單影隻的一個人，怕是一木不能支大廈罷，不僅難事毒蛇猛獸的抵抗，且難免寒暑風日的侵襲，自非多數人的互助，不能生存。二，人的生活是多方面的，一人的生活條件，决不是一個人能完備的，若非多數人通工易事，也是絕對不會生存的，所以人自能揀選工具或製造工具之後，定是社會的生活，决非孤立的生活，以此知魯濱生的海島飄流，說是一人如何製網，如何製舟，如何司炊爨等等話，完全是騙人的了。

但是燧人時代是怎樣到來的，大概人們當時雖能用工具補助或延長他器官的不足，終是粗笨得可憐的，因此有時可以果腹，有時還不得一飽。可是人們的推進機來了，即無意中發現了雷火與火山的火，凡一切動物或球根類植物，經過烈火燒烤之後，較生冷的更覺適口，於是將那些火保存起來。從事火獵，至作爲燒烤狩獲物或採取的植物之用，與由鑽木或燧石取火，當然是以後的事，的確的、烈火是當日動植物的大對頭；同時却是當時人們的大收穫，以一日猶不能一飽的粗笨工具，竟能坐在火旁邊飽吃着燒烤適口的東西、這是何等輕便省事，設若人們不知道用火，豈僅今日的重工業無由發生，怕還在「茹毛飲血」哩，可是人們用火雖是大收穫，一方也是大損失，因爲燎原的火一時燒盡了幼稚的，茁壯的生物，幾非短時間所能恢復原狀的，那末，又在什麽區處去尋生活對象呢，於是由那種辯證法的進化(又是大收穫，又是大損失，)從狩獵時代進到畜牧時代。

現在要說包犧氏．從字面看來，當然是畜牧無疑。何以進到畜牧的呢？因爲火獵的方法太不經濟，與其一舉燒盡了後難爲濟，何必不把雌的雄的，牝的牡的畜牧起來，使它孳養成羣？人們從此就悟到狩獵之偶然的穫得，火獵之不易回復原狀，曷若畜牧之後，反能大量生殖？可是此際有一個問題，既有畜牧，必有芻糧，在當時的分工上誰人去担任芻糧？據說完全是女性，大概自發現火之後，女性卽司看守火的責任，現今還有許多原始的部落，女子仍膺此職。卽中國亦常有戲呼主婦爲「司命公」的，「司命公」爲灶神，這是人都知道的，並且湖北方言，下層階級的男子常呼其婦爲「燒火的」，這或許還有歷史的意義。女子在有火之後司看火，至畜牧時代，又司採集畜牧的芻糧。女子實又是農業的先驅，但在這個中間，被採集中的植物的種子，落在一定的濕度與沃度之後，居然由一粒種子長出許多子粒來，如此反復數次之後，人們漸漸覺出這個因果關係了，今後與其採集。勿甯種植，至此才有農事的萌芽。

不過此際農業還是畜牧的副業，其目的完全是爲畜牧的芻糧起見，等到人口一天增加一天的時候，其勢畜牧已屬供給不了，假定畜牧占方十里面積的牧塲，只能養活十人，若是農事佔方十里的面積，就可養活百人了，人們此際才逐漸由畜牧業進到農業。農業之比較經濟的事實，中國歷史上不是常受西北部落的紛擾嗎？也不僅中國，農業民族常受畜牧民族的蹂躪，如日耳曼人侵入羅

馬帝國就是事實，因爲畜牧的收益不及農業的收益

第二節　中國原始共產社會的階段

在神農以前的社會，可叫作原始共產社會，在神農以後約至陶唐止，可叫作村落共產社會，原始共產社會，它是爲漁獵，爲畜牧，是遷徙無恆的，它的社會的紐帶，完全爲血緣，至村落共產社會，它是土著的，農業的，它的社會的紐帶，完全爲地緣。然而農事漸興之後，各村落例有長老以其蓄積的經驗，指揮播種，耕耘的各種季節，各種程式，再一切婚喪的儀注，都是由長老主持的，所以每村落的社員，對於其長老沒有不敬若神明的，眞的，在沒有書契文字的時候，長老眞是智識的鎖鑰，難怪三代盛時以至於兩漢，猶有養老尊賢的禮節，三老五更的尊崇，老者在這個時代，眞是神聖萬能呵！可是自有了書契文字之後，自印刷術盛行之後，自科學昌明之後，若猶專依重老者，不事創造，那社會將爲傳統的思想所禁錮而不能自拔，故前期神聖萬能的老者，此際已

是昏庸老朽了。

　　却說長老雖在當時敬若神明，實際他與一般社會的成員，並不相上下。他雖主持作物的分配，他自巳並不能多占有享樂物，何以？因爲交易還沒有發達，也無由刺激他以占有的剩餘交換本部所不能生產的，這是事實上不能發生剝削，故階級也無由發生。迨生產技術日漸發展之後，社會的分工上也日趨複雜。長老才開始從生產範圍脫離，而專司指揮監督之責，尤其是同游牧民族的接觸，鄰部落農地的爭持，當然部落的全員都按軍事的部署，因此平時盡組織責任的長老，此刻就是最高軍事領袖，軍事自然是紀律嚴格的，是服從强制的，浸假和平恢復，這位長老竟將軍事嚴整的佈置，依然施之於和平時代，再如戰勝了其他部落，並拓殖了大的領域，則被征服者竟成了奴隸，本部落的社員竟作了百姓，於是一個村落長老儼然變成一個封君了，這位封君狃於戰事的勝利，或其他機會，又將征勦弱小的封君，而那些弱小的封君，勢必戴最大的封君爲宗主國而隸屬之，此即封建社會的雛形，在日耳曼族佛蘭克王國是由此成立的，在中國的夏代得國也是由這樣來，雖然歷史上阪泉，涿鹿的戰績，也寫得十分煊赫，可許還不及今日張王李陳的械鬥。

第三節　夏商周時代的社會

中國的封建社會，大概是發軔於夏代，至周初算是繁榮到極端了，可是其命運亦於周末衰歇。茲試分述於下：

(甲)經濟組織　封建經濟，概係農業經濟，這是勿庸述的。但其經濟單位如何！說到這裏，我還要溯及村落共產社會的經濟狀況、考歐洲的共產村，在俄有所謂密爾 mir，在日耳曼有所謂馬克 mark，在不列顛有所謂頓 Tun，在祕魯有所謂馬加 maca，他們都是土地公有，按丁分田，到一定期間，並還重行分配，至土地的肥墝，地位的遠近，分配的時候都是配搭勻稱的，無貧富的懸殊，無階級的區分，這是何等的樂園！然一到强大的封建出現的時候，這種制度雖還保存，却已完全變質了，即已變爲封君的榨取機關了，如俄之密爾，秘魯的馬加，就是明證。俄國的密爾制度，至一八六一年俄皇亞歷山大解放農奴的時候都還存在，密爾本是前期的共產村落，以後則成爲榨取租稅的機關，即俄皇嚴命每個密爾須完全担負該蜜爾應納的租稅，其中逃稅的人却也不在少數，然而事實上農田雖已荒蕪，而租稅却少不了分文，直累得每個密爾負責的簡直無法應付。秘魯的工人本是完全行的馬加制度，迨印加人侵入之後，遂使馬加逐漸變形，至西班牙征服秘魯之後，這馬加制度就連形質都變了。我所以徵引這些事實的，就是要探一探中國井田制的究竟。

中國的井田制，照上例比較起來，或許是中國村落共產時代的遺型，然據儒家宣傳起來，竟說是封建時代的盛典，這似乎是一個疑團，如當時除什一稅之外，還有所謂「九貢」，「九賦」，「力役」，這是活畫一幅農奴勞動圖，與變形變質的密爾，馬加有什麼分別？或許儒家當時感覺得農民受苛捐雜稅的剝削，致農民物質上精神上都疲敝得不堪，故憧憬着舊日村落共產的遺型，而說「方里爲井，井九百畝，其中爲公田，八家皆私百畝」，又說：出入相友，守望相助，疾病相扶持」，乃是刺諷當時之爲「人牧」的。至所謂公田百畝的，在密爾，馬克也有這種類似的制度，乃是爲一個村落的不能勞動的贍養，如老幼，廢疾不能勞動的是，在中國井田中所謂公田百畝的，一是供防衞里閭的「健伉」的給養，一是救濟老弱的，迨封君出世以後，遂變爲支配者的租稅了，正與密爾，馬克等同一個步驟，所以我很肯定的說井田是起於共產村落，決非起於所謂封建盛世。

再說封建社會之所以衰歇的，在歐洲是貨幣資本，代替了土地資本，即自由都市興起之後，貨幣盡了交換媒介很大的任務、然亦因此腐蝕了封建制度。封建社會的經濟基礎，本是建立在農奴之上的，即封君專賴農奴的實物貢，力役貢兩項以培養他的威權，但自貨幣勃興以來，封君與其要實物的貢獻易致享樂剩餘的朽化，勿寧要貨幣的貢獻，可卽換取心所欲的珍奇，於是農奴把實物的納貢變爲貨幣的納貢了，又可用貨幣卸除許多義務，買得許多自由了，另一部份的農奴則不堪敲吸，逃向自由都市了，那末，這個封建君主的地盤全行倒坍，不亡何待？於是土地資本閉幕了，商業資本出台了，這種商業資本最典型的國家，如西班牙，葡萄牙，他們很早的分割了兩半球，卽西半球是西班牙商業的殖民地，東半球是葡萄牙商業的殖民地。二國確是煊赫一時，好個土地資本到貨幣資本的轉換！

中國的封建社會沒落，與歐洲的是否同一個步驟？本來在中國史上找那些階段的經過，簡直是沙裏淘金，用力多而收穫少，現在似乎少有人過問這些事，不過據孟子描寫封建末葉的狀況，所謂「庖有肥肉，廐有肥馬，民有饑色，野有餓莩」，這是何等的沉痛！而封君又是何等的敲吸！封建時代既是注重在土地資本，而土地的戰爭是非常激烈的，試看夏初時的萬餘國，到殷時只有三千餘國，到周初只有千餘國，到春秋見於經傳的就只七十餘國，到戰國時就已彙合爲七大强國了，在日常戰爭中草菅的人民當是恆河沙數，試問農民旣是屢被徵發，農業經濟還有恢復的餘地嗎？同時兼倂盛行，也有富至萬頃，也有貧無立錐的，觀商鞅之因勢廢除井田，就可透露此中消息了。農民失掉他的生產手段——土地之後，不是戍卒，就是餓莩，封建社會的經濟基礎旣已毁滅，封君豈能獨存，故於嬴秦時就告了一個總結束，算是封建社會暫時閉幕。

至當時貨幣資本怎樣？這本是一個難問題，簡直無從說起，不過想舉出幾個事實來研究一下。本來所謂貨幣在周初本就是泉布大爲流通的時代，但當時的商業狀況怎樣？猶記得春秋時晋國的上卿叫韓起的强買了鄭商人的玉環之後，經鄭子產交涉的結果，這玉環竟得贖回，他外交的詞令大意是；該商人與鄭國始封的君由周京到鄭國的時候，是相約在鄭國境內彼此不得强買强賣。鄭子產搬出這個大條約來立見軟化了覇主的上卿，一個商人與國君定立平等條約，足徵商業資本在該時已屬勢不可侮。

又春秋時秦人伐鄭，鄭商人叫弦高的，竟攜帶許多禮物去犒師，並順便勸他不必「勞師遠征」，這種商人在敵兵壓境的時候，猶能化干戈爲玉帛，其地位，其身分當非低下，到商業資本進到戰國，就愈見突飛進展，商人而可以使國君拜的他下風，有如段干木之於魏文侯，查段干木之爲人，據儒家說來，是一個高賢，魏文侯因景仰他的盛德，常是去拜他的，其實據淮南子說來，段干木乃是一個大駔，然則駔是什麼？駔就是大牛馬經紀，當時想係很大的商人，而日耳曼市場字的語根，也是由牛馬販字轉化而來，可見中西市場的起原，也有許多暗合的，那末，魏文侯對於段干木，並不是景仰他的盛德，乃是景仰他的富豪，由此可知該時商業資本的一般。再呂不韋以一商人而能躍身宰相，位至上公，何處不是表商業資本的魔力！

商業資本是封建社會的鎰水，是封建君主的催命鬼、是專制一尊的催生符，它雖腐蝕了一方，却又促進了一方，社會進化的情形誠有如此者。

(乙)階級狀況

在歐洲封建社會之階級的劃分，則有：(一)僧侶；(二)貴族；(三)騎士；(四)農奴，這幾個階級的來源，當然不是一朝一夕的，大概在村落共產的時候，包含這四個階級的職務，都是一個村落內平等的社員去作，並無地位的高低，如村落中的長老雖以其經驗專司組織任務和宗教的儀式，而其地位幷不高於一般社員，況且他也是由全村落選舉出來的，若不稱職，仍能撤退，至防禦外侮和生產方面的事務，都只按着年齡和性別，而享樂物的分配當然也是平等的，迨生產技術日益進步，社會分工日益複雜的時候，長老却由生產範圍脫離出來，專立在支配者和人神介紹的地位，一方以其純熟的經驗，他人無由參與，致選舉變成世襲的趨勢，加之部落間的戰爭，愈增長他專制的氣燄，又得着許多俘虜，又得着許多土地，事實上己成封君，乃將人神介紹的職務交給所謂僧侶的，而專發揮他的支配慾，奢侈慾，不僅將現有的俘虜變爲農奴，并還豢養許多騎士，日日開彊拓土，大事擄掠，這樣，就形成了階級的劃分。

再歐洲僧侶以後發展至於取得大衆信仰。其實力有時且駕俗界的君主而上之，那也不是一朝一夕的，他們不僅嫻於掌故，專司冠婚喪祭的儀式，舉凡河川的汛濫，季節的推測，農事的月令，人民的教育，都唯他們是賴的。尤其人民視爲「樂只君子，民之父母」的，當封建諸侯互相噬殺的時候，他也有偉大的城堡可以保護避亂的，大概像我們這半殖民地的租界一樣，俗界的勢力是無由侵入的，雖說教會的城堡給予避亂人的飲食之後，就會把避亂者的土地收爲他們的領地，避亂者的人民收爲他們的領民，也同俗界的封建諸侯一樣，日日開疆拓土，造成他們的天國，畢竟當時的人民還是樂於趨從的。因爲相信他們是和平的天使，人神的鎖鑰，那得不皈依唯謹哩！無怪教會的勢力竟一天一天彌漫起來，使一般人都俯瞰着這一個着了上帝外衣的。最明顯的是佛蘭克某國王受了教皇破門的處分，他的左右和人民竟也一時解體似的，乃越亞爾卑士山徒步跑到教皇的宮門，立在宮門外面有七天七夜的悔過投誠，才被取消罪名，僧侶的勢力於此可見一般了。

歐洲封建時代，階級劃分的情形如是，然則中國若何？中國稱述流行的除貴族之外，不是所謂士農工商麼？但從歷史的眼光考究起來，士農工商之前，也應該還有一個階段，茲試略述於下：

本來歐洲在封建社會之前，還有一個奴隸社會，因限於篇幅，未及叙述，但奴隸與農奴，其經濟上的地位亦可略爲分析，奴隸的待遇同牛馬一樣，只是主人的工具，並沒視爲有人格的人，他工作之後雖亦得着飲食，猶之牛馬雖得着芻糧，究不能對自己勞動的成果——農作物有任何的與問權，其他身上的桎梏與寢處的牢禁，同牛馬之不自由一般，歐洲的羅馬帝國，就是這一樣的社會，至農奴則較奴隸又高一籌，他雖然忘於領主的貢賦，而在自巳的田內所收穫的，他自己仍能自由處理，這就遠勝於奴隸了。中國有沒有這個階段？現還不敢斷定，或者虞書上所列舉的如所謂「九族」，「百姓」，「黎民」，就是這個描寫？九族即貴族(？)百姓即自由民(？)黎民即奴隸(？)在這一個階段之後，夏殷周三代才有農奴？我看只要是經濟的狀況相同，倒不必論東西，其必然的關係當不甚相遠，所以當世「敬敷五教在寬」的只限於「百姓」，而不及「黎民」。我想當日農事上還是粗放的耕種，不是集約的耕種，即以近世的農業生產工具看來，猶且粗笨如是，推想幾千年前的農作狀況，不是可以豫料麽？所謂奴隸這一個階段容或有的。

至階級劃分的歷程，當與歐洲的封建社會不相懸殊，最初的封君，也是掌握宗敎儀式和支配政治，迨領土日益擴大的時候，乃將宗敎方面的事務卸到所謂「祝史」的，而已則專致力於政治方面。不過有一點與歐洲不同的，中國的封君似比歐洲的封君乖巧些，他一方雖將宗敎的事務卸到祝史身上，而一方仍以宗教的主體自居，如他以天爲父，以地爲母，而自稱天子的，顯見得他對於宗教却沒有絲毫放鬆，因此中國的僧侶，不能有歐洲那樣猖狂，尤其令我我們看得清楚的，在春秋時，衞君遭權臣甯氏把持政權的時候，還說「政由甯氏，祭則寡人」可見他們自認爲宗教的主體是很認眞的。至祝史方面的任務，也怕與歐洲的僧侶相仿，他不僅嫻習冠婚喪祭的儀式，並且嫻習史事，如春秋時的的宋之祝鮀，鄭之裨諶，都是很負盛名的。但這祝史的任務，似乎後來移轉到儒者身上所謂「士」的，我們看虞書上尙有爲祝的羲氏和氏，歷夏殷周都沒有看到盡這項任務的，想必由「祝」分而爲宗伯，掌邦禮，爲司徒，掌邦敎，爲太史，掌陰陽五行（觀月令上每節候都由太史預告可知），然至周末，這類的官又似若隱若現，却有儒者出，又能知陰陽五行，又能知曆代掌故，又能施行敎化，又能嫻熟禮節，豈不是祝的任務全爲儒者所接受了麼？

儒者旣有這大的能耐，似乎也可以造成一個儒教王國，如歐洲的羅馬教皇一樣，然而畢竟不能呈現那種事實，這又是什麼原故？原來歐洲的僧侶，他是有經濟地位的，有時教會的領地，或與俗界的領地不相上下，至中國儒者他血統相傳的「祝」，就已受盡了乖巧封君的騙，只爲封君作了裝飾，而一脈傳來的儒者難道還有例外麼？故中國儒者始終是站在支配階級那一方的。這也難怪！他本是經濟上無他位的遊離分子，那能不「曲學阿世」？故就是最激烈，最閉世的儒者也不過作些擬古廣言，諷勸當道罷了，可是話雖如此，却也贏得歷代帝王的尊崇，就是如今成爲的民國了，鄉鎮中怕還有十分之八九供奉着「天地君親師」哩！就是都市又怎樣？也不過換了個把字仍供奉着「天地國親師」麼？

士這一階級的來歷並其作用既已弄清楚了，現在來略述農工商。我們知道農這一個階級在封建社會裏其生涯是最凄慘的，不是封建官吏的剝削，就是土地戰爭的小卒，如詩經的「碩黍」，「伐檀」，描寫貪污的狀況」，「揚之水」，「陟彼岵兮」，描寫從軍的狀況，孔丘說「使民以時」，孟軻說「不違農時」，都是農民慘淒生涯的表現，非農奴而何？至工商想係與歐洲的同業組合相彷，觀王制上的種種規定，有某項某項，「不粥於市」「布帛長短不中度不粥於市」，等，這明明是同業組合的規定，又說「勿作奇技淫巧」，（歐洲的同業組合看見有所新發明的則殺其人，毀其器），又說「士之子恆爲士，工之子恆爲工」，簡直與同業組合的限制是一樣的，這種階級關係既由某種經濟狀況之下形成，某種經濟狀況若有變動，階級當然又要起分化，中國當日的變動大概也是沒有例外的。

第四節　中國封建統一於秦後怎樣？

歐洲的商業資本抬頭之後，他們的國勢有偉大的發展，先出發的如西班牙，葡萄牙，次起的如荷蘭，英吉利，都能拓地殖民，推進猛速，未幾又由工業資本代與，使一切產業都改舊觀，今則趨勢所至，已是到最後階段的帝國主義了，倏忽幾百年的歷史，一程一程的已達到現社會的目的地，然而中國由秦漢以來幾千年的長期歷史，不惟沒有策蹇緩行，簡直完全在停頓中似的，這究竟是什麼原因？

上文既說了中國商業資本有崛起的趨勢，似乎也要走到歐洲同一個路向，不幸他方代表土地資本的封建餘孽，仍能咄咄逼人，故始皇統一六國之後，仍由六國的後裔起而亡秦復國，漢高祖大統一以來，雖聽張良的勸阻不再分封六國的後裔，而未幾郎大封同姓，儼然周初的回復。如這種土地資本的猖獗，豈惟兩漢爲然？而東西晉的諸王列土，唐代的藩鎭專橫，又何獨不然？宋初雖有改植郡縣的決心，然而爲土地資本羽黨的儒者亙宋室的始終，天天在叫喊要恢復他們所謂的三代盛世，不是說周孔，就是贊文武，他們的背景就可想見，至元時的省道，明時的藩封，清時的總督，民國時代的督軍，孰一不是變相的封建諸侯？所以在土地資本還在稱雄的時候，封建思想是不易打倒的，何以？因爲封建思想是土地資本的產物。無怪商業資本正在掙扎奮起的時候，被漢朝當頭一棒，作商人的不惟不敢同所謂士大夫平行，還製出各種難看的制服以示分別，商人一方被視爲賤業，一方又科以重稅，商業資本就從此銷沉下去，而所謂重農輕商的政策，簡直是幾千年如一日。

歷代旣是重農，對於農事也誠有不少的施設，如防備兼併的，則有所謂「名田」，「限田」，「均田」，關係荒歉的，也有所謂「常平倉」「積谷倉」，並且「豁免租稅」，關於資助農民並保護農民的，也有所謂「青苗法」，「保甲法」，也誠嚴核太守，獎飭循吏，諸如此類，的確對於農民有不少的貢獻，究竟農民所得的若何？農事的進步若何？這是不難知道的，歷代的支配者都是土地資本階級的傑出，當然是要重農輕商，怕也就是崇儒重道罷，却是因商業資本消沉的結果，國家的歲出勢必全仰給於農民，他們有時也許諒解農民的負擔惟艱，姑與矜全，然而他自身也是勢成騎虎，欲罷不能。尤其是外患荐臻，又遇着飢饉並至的時候，支配者更其窮促無計，也只好加緊的搜括，可是此際其他土地資本階級的投機者必定出來，利用那些逃避苛政的成千成萬的飢餓的農民來作擧取傳國璽的武器，他當時也表明態度，說目前的政府「弗敬上天，降災下民」，他宣誓今後是要「天視自我民視，天聽自我民聽」的。猶之今日在野黨暴露在朝黨的罪狀，冀取得民衆的同情而爲土台的準備一樣，於是豪傑依附，四海歸心，於是亶聰明的元后就登大寶了，於是朝代就更換了，這就是中國歷史的軌道。

這種新主登極的時候，也確實宣布許多新猷，也呈一種太平景象，其實與其說是新主的農業政策所致，毋寧說是紛擾時期的屠殺政策所致，你看楚漢交戰的時候，人屍把睢水都堵塞住，又看一些名將傳上，那個不說是屠城數十，斬首數萬或數十萬。五胡擾晉的時候，殺人當在數千萬，俗傳唐末的黃巢，殺人也是八百萬，五代時合共只數十年的壽命，就殺了數十年的人，宋時死於契丹，金，遼，蒙古的人當亦在不少數，明末張獻忠，李自成等並有屠戶的稱呼，滿洲入關，又豈僅是嘉定三屠，揚州十日？中國民族的生殖率也大，而不自然的死亡率也大，那末，人也殺得差不多了，土地已不成問題了，只要有一紙豁免租稅的上諭，就贏得「眞明天子」的徽號，可是數十年或數百年之後，人口與食物又失調，又要恢復到强制的使人口和食物均衡的屠殺政策，這就是中國朝代更替的由來。

中國社會停滯不前的原因，大概還就是土地資本階級當權的原故，但土地資本何以有這樣長的命運？我想唯其爲土地資本，正是幅員廣擴，交通不便，權力是不易集中的。因爲權力不易集中，故爭奪屠殺的事，每隔數十年或數百年而一見，或許這一個期間，社會進化的要素，正待孕育滋長，却又被他們斲喪殆盡而仍復舊觀。再者中國的地理環境也有關係，西向而遇着葱嶺橫斷山脈，東南向又是汪洋大海，北向又是東西行的山脈，簡直如覆盤一樣，交通極形不便，一方又因西北方面較中國文化更低數世紀的遊牧部落，竄來竄去的也是數千餘年，的確，中國社會停滯不前的原因，受他們的影響很大，猶之日耳曼人毁滅羅馬帝國之後，稱爲黑暗時代者千餘年一樣，然其後日耳曼人仍能以其獷悍有爲的氣概，吸收羅馬固有的文化，跑上進化的路向，而中國暮氣沉沉的文化，本來已將就木，又不時遇着外患內憂的結果，却又把它維繫着了，却又是「言必稱堯舜」，「行必法三王」了，輾轉相循，就形成這不生不死的現象。

有許多外國人研究中國社會的說，健全的社會，才有健全的政治，中國的政治極不良，而社會却還很健全似的，例如兵災水火，無論鬧得如何厲害，人民雖有時暫避一下，而稍事平靜，卽返里重理舊業，這個耐性却是難及的。實在這一個謎，若細加考究，是不難知道的，中國社會健全的原因（其實現在就不健全了），就在中國特有的宗法社會。中國歷代的支配者向來在人民方面也毫無積極的建設，而人民對於政府，也只消極的希望少一點苛捐雜稅，縱然政府有什麼新政頒布或者施行的結果仍與他們有益的，他們都是抱懷疑或反對態度的，他們總只覺得他們的家庭，就是他們安身立命的所在，至於政府怎樣，只要能使他們勉强相安，他們是不問不聞的。他們這種性態的養成，當然也不是一朝一夕。所謂宗法社會的，自必就是祖先教，考祖字的意義，(示)是神的象徵，(且)是墓標的象徵，猶言祖先死而為神的意義。祖先成了神，當然是保護他們子孫的，故子孫禾谷登場的時候，即將禾谷送到墓標上致祭，如「租」字從禾從且，此即租的來源。我們走到鄉下常聽到老農這樣說：「家有一千一萬，神鬼一半」，猶言非藉祖先的庇蔭，是不能生活的，迨封君專司「祭」與「政」的時候，這種人與神的介紹責任就為封君所掌管，故農民對於祖先的祭儀則以租的名義繳納，隨後封君也派人徵收，徵收者或許還是「祝」一類人，考稅字從「禾」從「兌」而「兌」就是象徵祭司的帽子的，這也可略知稅的由來，總之宗法社會的人民，他只認國家只是他們繳納租稅的所在，其餘人生的興趣，都歸宿在他們家庭以內，外人所謂健全的原因怕就在此。

中國社會的紐帶就是宗法，這已無疑義了，但這個紐帶何以幾千年都能堅韌不潰，這又是什麼原因？不用說，這就是土地資本的背景，土地資本存在一天，宗法紐帶就存在一天，乃是互爲終始的。試看農民的環境，他走到家內看到祖先的木主，走到家外看到祖先的墳墓，並同族的鄉黨，不知不覺常使他們起一種「敬宗收族」的念頭，即近日報上猶登載許多修譜的廣告，就可明白。他們的環境如此，故其思想是復古的，是保守的，同時他們的行動，是安土重遷的，故他們的態度也是喜常厭新的。再農業家庭非常注重香火，一若孤老絕嗣，就違背了人的義務而認爲最不幸，故常望多子多孫的大家庭，其實從經濟方面說來，農業家庭的人口多，正是必需，他們的自足自給經濟若是要完成，少數人口是不濟事的，窮了人就算窮了生活，中國一般的早婚與北方婦大婿小的婚姻，就是增殖人口的意義。至於工業當然微有不同，他不僅注意於人口的量，尤其注意於人口的質，因爲他的工作緻密而且緊張，比不得農事的粗放而且弛緩，這是他們家庭觀點不同的由來。

再中國的宗法紐帶常是堅韌不潰的，還有一個重要的原因，就是中國的「

親屬繼存」上是勿論嫡庶子都一律均分的，這是使中國宗法社會健全的一個要素，既均有產業可以繼承，雖不能刺激人們圖他項的發展，而至少可以維持現狀，若如英國日本只是長子家督才可承繼，那宗法紐帶怕也就堅韌不下去了，不過這些法則，恰是土地資本的反映。

第五節　中國近代社會的暗礁

現在要說到近代社會了，其實中國近代社會，還是封建社會，宗法社會之延長，因爲他的背景還是土地資本，他的經濟組織還是農業手工業經濟，因之反映於政治與社會兩方面的，都顯露着很濃厚底封建社會的色彩，如政治上的軍閥割據，官僚主義，士紳威權；社會上的地方主義，個人主義，宗法觀念，那末，中國社會，儘可按着數千年舊有底歷史軌道，輾轉相循、耕田而食、鑿井而飲，株守家庭，得以永叙天倫之樂，倒也沒有什麼要緊。不過社會進化的原因，是社會物質的生產力，誠如上述，中國惟以地理環境的關係，土地資本的勢力，能以延長，能以壓住生產力的發展，使商業資本不能抬頭。然而歐美生產力的進展，却突飛似的已由商業資本，工業資本，跑到資本主義最後的階段，變成了帝國主義。帝國主義的重砲，便不客氣的衝破了一切的萬里長城，所有經濟落後的農業古國，正是他們的好主雇。然而最初到中國來的却是葡萄牙，荷蘭商業資本的闖進，繼之便是英日法美工業資本底輸入。開始的商業資本，簡直是掠奪與買賣不分；工業資本，更是農業手工業的催命符。總之自帝國主義勢力侵入中國以後，中國的社會——土地資本，就開始崩潰，中國的農業經濟，就日趨破產。農業手工業之失業者，一部分集中都市變爲資本帝國主義之工錢奴隸，一部分便挺而走險，激而爲屢次之原始的暴動，如南方之平英團與北方之義和團，皆其通例。此仍可謂是土地資本與商工業資本之決鬥、亦即是中國傳統的農民勢力之表現。聰明的帝國主義者，爲欲把整個的農業國家，裝入自己的囊中，則不能不防止農民底反抗——革命勢力。爲防止農民的革命勢力，最好是把猴兒交給那個拿鞭桿的人——土地資本的封建領主、普通所謂封建軍閥。本來農民起來以後，不祗是反抗帝國主義，還要推倒那個拿鞭桿的人、於是封建因一時一己底利害關係，便爾認賊作父，願把自己底老巢，都拱手送諸外人。於是帝國主義便與軍閥勾結起來，專門處置這要保持土地資本的主人翁——中國農民。又因帝國主義不祗一個，封建軍閥更是多頭，帝國主義與帝國主義的衝突，引起軍閥與軍閥的鬥爭。擴充兵額，爭奪地盤，而軍費來源，便是惟一的苛捐雜稅。中國農民，於是走進了兩重剝削的夾牆。土地資本，便加速的崩潰，農業經濟便加速的破產。田園荒蕪，村莊鬼哭，土匪成羣，觸目皆是，即軍警林立的城市與保衛森嚴的洋租界，亦日有擄人勒贖的情事，睜眼看見，毫無辦法。

那末，正好，中國幾千年來的封建社會，自己不能摧毀，難為外力為我們摧毀，自此便可由土地資本，進入商業資本，工業資本較高的生產社會，實在中國已有一部分城市感受外資侵入之激刺，發生了不少的新興工商業者。雖然個人資本主義的害處已見，我們不便追倣，但也可從此努力建設國家資本。以新興的工商業說，一方面因資本主義的輸入而發生；一方面却因資本主義的扼制（如協定關稅，不平等條約等）而不能進展，且離開了帝國主義的懷抱，中國的工商業者便不能獨立存在，於是在整個的對外關係中而雜有通敵的賣辦階級，不但國家資本不能建設，卽個人資本亦無從談起，以日常的社會現象來說，如交通一項，則有手搖車，馬車，牛車，人力車，汽車，電車，飛機，飛船，又如服飾，有戴瓜皮小帽的，有戴便帽呢帽的，有馬褂長袍的，有學生裝的，有中國鞋的，有外國式皮鞋的，還有紅帽頂粉底鞋的，差不多是前後數千年的雜陳，因各人經濟地位之不同，而各人的要求願望亦不同，這就是中國長期紛擾的由來。

但是中國社會——以土地資本爲背景的封建社會，自有帝國主義的侵入，他就不能不開始準備結束。中國的生產關係，便不能不跟着世界的生產關係走。然而世界的生產關係，已走入資本主義的最後階段，將要由資本主義而入於社會主義。中國的產業，雖然是著名的落後，也不能不兩步併做一步，趕上前去，且非走到終點，不會止步。於是中國的農業手工業的經濟組織——即以土地資本爲背景的封建社會，不能不由中國人自己起來摧毁，建立較高的生產方法——工業的生產方法。質言之，除以新技術改良農業外，還須積極的發展工業。爲改除發展工業的束縛，又不能不由帝國主義與封建軍閥兩重壓廹之下解放出來。於是必然的產生了四十年來在社會史上劃期的中國革命。

第六節　中國革命的出路

中國農民，在他們的主觀上，雖然還祇知原始的暴動，還祇知封建的迷信的結社。然在客觀上，他們又不能不革命——不能不生活。故凡足以阻碍他們的生活或使他們不能生活底帝國主義底經濟的榨取與封建軍閥底政治的剝削，者在他們所要打倒之列，於是他們客觀的與他們意志獨立的必然的要走入了近代打倒帝國主義打倒軍閥底革命的圈子；又因他們是曾經佔領中國社會史上很多的篇幅管領中國歷史變革的運命。（幾千年來的換朝換國，無一次不是農民造反，封建投機者的利用）於是中國革命，在客觀的事實上，也不能不靠他們作主力。自然中國革命，是被壓迫階級聯合的革命，然農民却也是最重要的。據各省各地從鄉間來的朋友，都說到紅槍會，綠槍會等等，大概凡是帝國主義經濟的榨取與封建軍閥政治的剝削以及兵匪蹂躪的足跡所能到的地方，就有農民革命底結社——紅槍會，綠槍會等等。據說他們已經是採取直接行動，殺收稅吏，殺土豪劣紳。此則不僅是傳統的農民勢力所表現於土地資本與商工業資本之決鬥，乃是傳統的農民勢力之最後掙扎，死活的鬥爭。

總之，中國數千年來都是土地資本稱雄，但何由進到商業資本，工業資本。換言之，即中國封建的社會，何由進到近代社會，又何由而免除近代社會商工業資本的流弊，解決人民的生活問題，尤其是眼前的很迫切的農民底生活的要求。換一句話說：中國革命的眞正成功，要是時代的轉移，社會制度的變革，由土地資本所反映的封建社會完全結束，而另建設一個新社會形態。這個新社會形態的開始，當然是發展工業，但其路向不是個人企業的資本主義，而是發展國家資本的非私人資本主義的道路。即不是領導農民站在土地資本的立場上來復古，而是站在近代社會的立場上來建設新社會。然而發展工業有必需的兩個條件：一是原料；二是銷場。在中國地大物博，原料是不成問題。製造品銷場怎樣？日本嗎？美國嗎？歐洲嗎？可以說一句，『此路不通』！於是中國要發展工業，增殖國家資本，則其銷場，不能不建築於國內。要銷於國內，就要靠國內的購買力。而國內消費製造品的購買力的基礎，是建築在原料出口的總額。而原料的生產者是誰？不待說，是農民。換一句話說：就是要發展工業，首先也必須解放農民。農民眞是中國底『天之驕子』，以前把握了數千年歷史變革的運命；以後還須他們來荷笠握鋤來闢新社會的大道。不過感受很迫切的生活之要求底眼前的中國農民，如何才能滿足他們的要求？或許也要黃巢來殺人八百萬，某某來殺人幾千萬，以調劑糧食與人口之均足。不過這樣的時代似乎已經過去了。

中華民國十八年三月初版

中國社會史研究

實價大洋六角五分

著作者　熊得山
發行者　崑崙書店
印刷者　崑崙書店
經售處　各省大書坊
總發行所　上海重慶路馬安里二〇四號　崑崙書店